Joe Bauer
Schwaben, Schwafler, Ehrenmänner

Joe Bauer, Autor und Kolumnist der *Stuttgarter Nachrichten*, zieht als Einzelgänger zu Fuß und mit der Bahn durch die Stadt. Geschichten, die er nach Hause bringt oder von unterwegs per Netz sendet, verbreitet er in der Zeitung, in Magazinen wie dem von Vincent Klink und Wiglaf Droste herausgegeben *Häuptling Eigener Herd* und in seiner mit Musikanten aufgerüsteten Leseshow »Joe Bauers Flaneursalon«. Als schreibender Berufsspaziergänger pendelt er zwischen Sarkasmus und Melancholie.
Buchveröffentlichungen u.a.: »Ich gebe alles. Ein mentaler Anpfiff«, Berlin 2000; »Gefangen in Cleverly Hills. Stuttgarter Glossen und Geschichten«, Stuttgart 2003.
www.joebauer.de

Edition
TIAMAT
Deutsche Erstveröffentlichung
Herausgeber:
Klaus Bittermann
1. Auflage: Berlin 2009

www.edition-tiamat.de
Druck: Fuldaer Verlagsanstalt
Buchumschlag unter Verwendung eines Bildes von
Thilo Rothacker
ISBN: 978-3-89320-136-5

Joe Bauer

Schwaben, Schwafler, Ehrenmänner

Spazieren und vor die Hunde gehen in Stuttgart

Mit einem Vorwort von
Peter Kümmel

Critica
Diabolis
169

Edition
TIAMAT

Der Autor bedankt sich bei

Jürgen Holwein für unbezahlbaren Rat.

Eine Dankeschön auch an Bettina Hartmann.

Inhalt

Vorwort

Peter Kümmel

»Es war der 11. März 2009, als sich die Dinge vermischten und es fast unmöglich wurde, sich mit etwas anderem zu beschäftigen als mit der Realität.« – »Da war diese Frau im September. Sie erzählte mir, wie sie jeden Spätsommer die erste Kastanie, die ihr vor die Füße fällt, in die Handtasche steckt und sie danach hütet wie ihren Augapfel.« – So fangen Joe Bauers Geschichten an. Es ist der karge Ton alter Chroniken, der die Anteilnahme und die Verblüffung verbirgt, die allem Geschichtenerzählen zugrunde liegen. Und es ist ein Ton, der mit seinem Verzicht auf alles Liebliche signalisiert, dass er das Entscheidende dem Leser überlassen muss. Lassen wir das, sagt er, und erzählt dann doch. Nehmen wir die fahle Selbstauskunft »Früher hatte ich auch masturbiert« aus »Das Raucherbein«: das ist eine Aushol- und eine Abwinkbewegung im selben Satz. Das Entscheidende wird, ohne dass es gesagt worden wäre, markiert.

Joe hat sich seiner Stadt verschrieben. Er braucht das Gleichmaß dieser Existenz, den Ennui, den nur die Kessellage bietet. »Die Sonne fiel, da sie keine Wahl hatte, auf nichts Neues.« So könnte jeder seiner Texte beginnen. Bauer kennt seinen Beckett, auch wenn er das nie zugeben, sich lieber hinter einem Clint-Eastwood-Grinsen verstecken würde. »Mein Leben ist verwirkt«, mit diesem Satz betrat er jeden Morgen die Redaktion, in der wir gemeinsam arbeiteten, es war sein Eröffnungssatz, er sagte ihn erst, nachdem er einen Blick in die Runde getan und die gleichen Gestalten wie gestern gesehen hatte.

Das Leben ist verwirkt – aber warum? Weil man die großen Liebeserlebnisse hinter sich hat? Weil die besten

Filme schon gedreht wurden? Weil sich das Leben in Stuttgart abspielt und nicht in New York, wo es längst genauso verwirkt wäre? Nein, verwirkt war es von Beginn an. Joe ist ein Existenzialist, das erklärt seinen unerbittlichen Blick, aber er ist auch ein Romantiker, das erklärt seine Liebe zur Sprache, zur Musik, letztlich zu den Menschen. Irgendwann überschritt Joe die Grenze zwischen einfachem Journalismus und »First-Person-Journalism«. Er sagt nun vollhaftend »ich« und hüllt sich nicht mehr ins redaktionelle »man«. So wurde aus dem Stadtschreiber der Erzähler. Wir lesen Texte von einer First Person, die so schreibt wie eine Last Person: es spricht einer der letzten unverbogenen Sturköpfe der Stadt.

Joe spaziert seit Jahrzehnten durch Stuttgart. Er sammelt, was er findet. Von Beginn an hat er am fehlenden Zusammenhang zwischen den Fundstücken gelitten, am mangelnden städtischen Geist, also hat er angefangen, den Zusammenhang selbst herzustellen. Stets war er damit beschäftigt, die Drähte der Stadt zusammenzufügen, so dass, wie es in einem Roman von Ross Macdonald heißt, am Schluss, wenn die losen Enden verbunden, die Spuren gesichtet sind, die Stadt wie ein Frankensteinsches Monster zum Leben erwachen müsste. Bezeichnend, dass einem ein amerikanischer Kriminalautor einfällt im Zusammenhang mit Joe, der Sound des Genres hat ihn geprägt, und das Wissen darüber wirft einen Schatten der Selbstironie über seine Stuttgarter Existenz. Die Lust und die Fähigkeit dieses Mannes, sich in einer Stadt detektivisch zu verlieren, sind im Grunde viel zu groß für die Stadt, über die er nun tatsächlich schreibt.

Stuttgart hat von diesem Missverhältnis profitiert. Es ist unter Joes Schritten gelassener, großzügiger, fast möchte man sagen: größer geworden. Joe läuft weiter durch die Stadt; als Erzählanlass braucht er sie nicht mehr.

Peter Kümmel arbeitet als Feuilleton-Redakteur und Kritiker bei der Hamburger Wochenzeitung Die Zeit.

Der Spaziergänger

Im Februar 1997 wurde mir gesagt, ich solle eine Kolumne mit dem Titel »In der Stadt« schreiben. Ich ging in die Stadt, kaufte mir bei Wittwer einen Brockhaus und schaute nach, was Brockhaus unter einer Kolumne versteht und wie viele Einwohner Stuttgart bei Tag hat. Wie viele Einwohner es bei Nacht gab, war nicht das Problem: Die kannte ich alle.

Zwölf Jahre sind vergangen, und ich kenne fast niemanden mehr, weil ich nachts in der Gewissheit schlafe, nichts zu verpassen. Im Lauf der Zeit habe ich festgestellt, dass viele Kolumnisten sich nicht auf ihr Ich beschränken. Sie breiten ihr komplettes Familienleben aus, ihre vermeintlichen Abenteuer mit italienischen Schwiegermüttern und leiblichen Kindern. Manche besitzen einen Köter von der Sorte, wie ich sie im Wald treffe.

Am Sonntag, als ich durch den Dachswald lief, packte vor mir eine Dame ihre durchgeknallte Töle am Halsband und zeigte mit dem Finger auf mich: »Ganz ruhig, Falco«, knurrte sie. »Der da ist kein Hund.« Jetzt knurrte die Töle.

Berufsspaziergänger dürfen keine Schwiegermütter, Kinder oder Hunde haben. Vor allem keine Frau. Sie fänden keine Zeit für Spaziergänge. Ein Romandetektiv, hat Raymond Chandler gesagt, darf weder heiraten noch eine feste Frau haben. Der Schnüffler geriete unweigerlich aus der Spur, käme ab vom geraden Weg.

Ein Provinzkolumnist wie ich ist kein Detektiv, dennoch sollte er seine Nase nicht bei der Liebe mit italienischen Schwiegermüttern verlieren. Ein Schreiber, der keine anderen Dialoge kennt als die zwischen Frau und Hund im Dachswald, hat ein Problem. Er geht durch die

Stadt und dreht jeden Hohlziegel in der Hoffnung um, darunter eine Geschichte zu entdecken. Unterwegs, wenn ich Notizen mache, schütteln manche Leute verächtlich den Kopf oder spucken gar aus. Sie glauben, ich notiere die Nummern von Falschparkern oder die Speisekartenpreise von Wirtshäusern, weil ich als Schnüffler bei der Konkurrenz beschäftigt sei.

Neulich stand ich mit Block und Bleistift in Stuttgart-Heslach vor einem Straßenschild mit der Aufschrift: »Afternhaldenstraße«. Afternhalde, fand ich später heraus, geht zurück auf »hintere Halde«. Das hätte ich mir denken können.

Aftern, und hier beginnt die Recherche, bedeutet aber auch »hornige Auswüchse, etwa Klauen, Schalen an der äußeren Seite der Hinterfüße beim Rindvieh, Schwein, Hund etc.«. Damit, und das ist das dramaturgische Geheimnis einer Kolumne, sind wir wieder beim Hund.

Der Hund wiederum, das sollte klar sein, kann nicht in allen Geschichten die Figur der italienischen Schwiegermutter ersetzen. Die Geschichten eines Spaziergängers sind einsilbig, sie erinnern an den alten Countrysong: »It's been lonely in the saddle since my horse died.«

Ein Spaziergänger ist ein geradliniger Mann ohne Treue. Ein Flaneur kommt immer daher, als hätte man ihm gerade das Pferd unter der Afternhalde weggeschossen.

Kessel-Blick

Manchmal bringt uns in der ewigen Stadt der Schaffer auch der Müßiggang Glück. Es ist Mitte November und kühl. Doch der Himmel hat sich so blau über die Hügel gelegt, als wolle er uns vor dem Winter bewahren. Wir sitzen auf der Terrassenmauer der Wielandshöhe und schauen von oben herab auf Stuttgart. Womöglich gibt es in der ganzen Stadt keinen schöneren Platz für ein Restaurant, und wenn das Gasthaus nicht schon einen Stern hätte, könnten wir uns, wenn es dunkel wird, einen greifen. Nirgendwo scheint das Firmament näher als hier, wo die alte Zahnradbahn vor der Haustür hält.

Neulich war der Wirt und Koch Vincent Klink mit Notizblock und Fotoapparat in Italien, um für sein literarisches Magazin »Häuptling Eigener Herd« über »La Cucina Napoletana« zu berichten. Über »mangiare, amore e motore«.

Wüsste ich in lichten Momenten nicht genau, dass wir beim Blick über die Weinberge hinunter ins Tal am Boden des Kessels vergeblich das Meer suchen, würde ich sagen: Vince, lass uns Neapel spielen. Essen, Liebe und Motoren haben wir auch bei uns genügend. Gerade hast du den Dichter Giuseppe Marotta zitiert, die Neapolitaner würden »durch einen Vorhang von Spaghetti ins Leben« treten, und erst vor drei Minuten hat mir dein bayerischer Wahnsinnskoch eine Schüssel schwäbischer Kutteln unter die Nase gehalten, und auch daraus ließe sich leicht ein Vorhang basteln für alle ungeborenen schwäbischen Helden.

Vincent Klink lebt und arbeitet seit 17 Jahren in Stuttgart, er hat nach seinem Umzug aus Schwäbisch Gmünd auf Anhieb die Höhen der Stadt eingenommen, nahe des gutbürgerlichen Stadtteils Degerloch mit erstklassiger Aussicht auf die Stadt und ihre Umgebung. Bei gutem Wetter kann er den Schwäbischen Wald sehen, und bei schlechtem erkennt er noch alle liebenswerten und peinlichen Eigenarten, die sich in diesem hügeligen Kesselgebilde namens Stuttgart angestaut haben.

Mein Gott, was gäbe es zu stänkern über diese Stadt. Über ihre einstmals erbärmliche Gastfreundschaft, diese ungehobelte Kundenabfertigung, als man die Gäste selbst in noblen Unternehmen wie Mercedes hinausgeworfen hat, bevor die Herrschaften, wie Vince sagt, selbst zu vespern anfingen.

Das sind die alten Geschichten über den Geiz, über den Minderwertigkeitskomplex und den Selbsthass der Stuttgarter. In Wahrheit, sagt Vince, habe man diese schlechten Charakterzüge immer nur den Schwaben angedichtet, um dem Rest des moralisch nicht weniger schäbigen Deutschland ein besseres Gewissen zu verschaffen. Den Deutschen, sagt er, sei es einfach zu lange mies gegangen, die meisten hätten vor und nach dem Zweiten Weltkrieg unter schrecklicher Armut gelitten. Er erinnert sich an seinen Opa, einen Freizeit-Imker. Seiner Familie hat der Alte keinen Löffel Honig abgegeben. Er hat ihn lieber verkauft und den Enkeln Zucker aufs feuchte Brot gestreut.

Das alles ist lang her, doch die Klischees vom Geiz, von der Starrköpfigkeit und der Kehrwoche existieren bis heute. Vince lacht, und dann hat er diese gutmütigen, großen Clownsaugen im Gesicht. Am liebsten würde er sein Waldhorn holen und den Soundtrack einer neuen Zeit in die Stadt hinunter blasen. Früher, ja früher, da habe er sich über die Kehrwoche lustig gemacht, aber das Resultat dieser Selbstreinigung, sagt er, empfinde er heute als angenehm: Es sei seit jeher eine schlimme Beleidigung für den Humanismus, wenn man seinen Müll bei anderen ablade. Neapel lässt grüßen.

Richtig, füge ich hinzu, erst neulich hätte ich in Brooklyn und Midtown Manhattan Männer in feinen Anzügen beobachtet, wie sie am Abend den Gehsteig vor ihren Häusern mit Besen und Schaufeln fegten. Das sei das neue Öko-Bewusstsein in der ganzen Welt, das wir schon lange vorher hatten. Und dann ärgere ich mich, weil ich es gesagt habe, weil wir in dieser Stadt immer zu dummen und überflüssigen Vergleichen neigen.

Vince sagt, er finde Stuttgart klasse, es sei toll, hier zu leben. In jungen Jahren habe er den Traum gehabt, auf dem Land zu wohnen, in einem Häuschen in der Toskana. Vergiss es, sagt er.

In Stuttgart fühle er sich von Kopf bis Fuß als südlicher Mensch, die ganze Stadt habe ein südliches Flair, und selbstverständlich hätten wir viel den Ausländern zu verdanken.

Manchmal setzt sich der Koch auf seine alte Moto Guzzi und fährt hinunter in die minutennahe Stadt. Er streift durch die Straßen von Heslach, er besucht türkische Gemüseläden und freut sich an der Vielfalt der Ware, der Welt und an tüchtigen Menschen.

Und er erzählt ihnen stolz, wie der Feigenbaum in seinem Garten den Winter überlebt hat, genau wie der Olivenbaum und der Lorbeer. Der Wille zum Leben, die Charaktereigenschaft, nicht aufzugeben und von vorne anzufangen, wie wir es von den Amerikanern kennen – das sind schwäbische Tugenden, sagt Vince. Diese Kampfbereitschaft halte im Zweifelsfall auch den Feigenbaum in unserer Gegend aufrecht, der Klimawechsel könne es nicht sein.

Mit Esoterik hat das nichts zu tun. Das ist Vincents Philosophie, mich erinnert sie an den »gedanklichen Gaisburger Marsch«, wie der Humorist Oscar Heiler die schwäbische Neigung zum Grübeln mal genannt hat. Wir Schwaben werden noch eine ganze Weile leben, sagt Vince, wenn der Rest der Republik bereits hinüber ist.

Vince hat beobachtet, wie bei den Straßenpartys der Fußballweltmeisterschaft ein Ruck durch die Stadt gegangen ist. Eine Zäsur, sagt er. Er hat viele junge Leute getroffen, eine andere Generation, weltoffene Menschen aus dem eigenen Stall. Stuttgart, sagt er, ist heute eine junge Stadt, ein vitaler Mix aus urbaner Kultur und grüner Pampa. Und rein gastronomisch der beste Platz der Republik, kein Vergleich mit München. Ein einzigartiges Qualitätsbewusstsein zeichne die Menschen hier aus: Wer seine Sache gut macht, sagt er, der wird anerkannt, in Stuttgart hast du keine Chance, den Leuten mit kulinarischen Taschenspielertricks, mit Maskerade und Schnickschnack etwas vorzumachen.

Bei Gott, die Perspektive von der Terrasse der Wielandshöhe ist paradiesisch an diesem Tag. Würden die altvorderen Stuttgarter nicht ständig in ihrem Hang zum Selbsthass, in ihrer krankhaften Verachtung der Schönheit, bis heute die eigenen Pfründe zerstören.

Unten auf dem Schlossplatz, dem schönsten Quartier der Stadt, haben sie bereits im Oktober den hässlichen Rummelplatz für die Eislaufbahn aufgebaut. Dauernd diese Verbrechen an der Architektur, sagt der Koch, ausgerechnet in Stuttgart, das man mal die Stadt der Architekten genannt hat.

Vince geht und bringt Sauerkrautsuppe auf die Terrasse. Löffel gibt es keinen. Schlürf die Suppe wie eine Tasse heißen Kaffee, sagt er. Man weiß sich zu helfen über dem Tal, wenn der Winter in den Süden kommt.

Gut umgerührt

An einem Sonntag im Sommer machte ich mich auf die Suche nach dem ewigen Frieden. Ich fuhr mit der Stadtbahnlinie 4 in den Osten der Stadt, stieg irgendwo in der Nähe der Ostendstraße aus und war mit mir und der Welt allein. Nichts bewegte sich, außer einem Liebespaar, das Federball spielte.

Wenn Sie fragen, woher ich weiß, dass es ein Liebespaar war, das Federball spielte, dann sage ich Ihnen: Man sieht sofort, dass Federball ein Liebesspiel ist. Solange sich Mann und Frau lieben, spielen sie Federball. Wenn ihre Liebe erloschen ist, spielen sie Badminton. Dann bauen sie ein Netz auf irgendwo in der Ostendstraße und dreschen so lange auf sich ein, bis ein Scheidungsadvokat dazwischen geht. So ist das in der Ostendstraße.

In der Ostendstraße gibt es eine Ostend-Apotheke, einen Ostend-Buchladen und eine Ostend-Schänke. Es gibt sogar einen Ostend-Roman, Manfred Esser hat ihn geschrieben, aber das ist eine andere Geschichte. In der Ostendstraße ist alles Ostend. Bis auf eine Ausnahme: Das Ostend-Gym heißt nicht Ostend-Gym. Es heißt Eastside-Gym. Ich war zweimal dort und habe mir einmal eine beige Eastside-Gym-Kapuzenjacke gekauft. Seit ich diese Jacke trage, hat mich niemand mehr angegriffen.

Ich ging in ein chinesisches Ostend-Lokal und aß einen Teller gebratene Nudeln. Als ich zahlte, überreichte mir die Chefin einen Bonusstreifen: Wenn ich 15 Mal zum Essen käme, sagte sie, bekäme ich das 15. Essen umsonst. Ich sagte, es sei eine große existenzielle Herausforderung für mich, 14 Essen in ihrem Lokal zu überleben. Ich denke aber, es könnte funktionieren. Die Ostendstraße ist eine Überlebensstraße.

Den Beweis fand ich an der Lukaskirche. Im Schaukasten las ich eine Veranstaltungsankündigung der Stadtteilbücherei Ost. Zitat: »Was passiert, wenn man Obstsalat aus Kindern macht und gut umrührt?«

Ich schätze, man macht das 14 Mal für wenig Geld und bekommt dann das 15. Kind gut umgerührt geschenkt. Ich würde nie behaupten, in der Ostendstraße habe sich ein auf Kinder spezialisierter Kannibalismus etabliert. In der Ostendstraße liebt man Kinder. In der Ostendstraße spielt man Federball, bevor man den Kindersalat umrührt.

Wissen Sie, ich habe mich nicht gewundert, dass der Kinderumrührtext an der Kirche aushing. Ich glaube nicht an Zufälle. Das macht die Kirche auch nicht. Die Kirchen rühren heute in allem, was Kundschaft bringen könnte. Es gibt Motorradfahrer-Gottesdienste und Rollstuhlfahrer-Gottesdienste, Vegetarier-Gottesdienste und Sado-Maso-Gottesdienste, Biofleisch-Gottesdienste und Swinger-Club-Gottesdienste. Es gibt Gangster-Gottesdienste und Günther-Oettinger-Gottesdienste. Irgendwann wird es auch Obstsalat-Gottesdienste und Kindersalat-Gottesdienste geben.

Als ich jung war, kamen gerade die so genannten Jazz-Gottesdienste auf. Das war zu einer Zeit, als die Pfarrer glaubten, Jazz sei in Mode, so wie sie heute noch glauben, Disco sei in Mode.

Bei einem Jazz-Gottesdienst in unserem Dorf spielte der Organist der örtlichen Beat-Band »House Of The Rising Sun« von den Animals. An seinem Instrumental-Vortrag nahm zunächst niemand Anstoß – bis Tage später ein Schlaumeier herausfand, dass der Text der Ballade von einem Hurenhaus in New Orleans handelt. Danach war der Teufel los in der Gemeinde und meine Chance dahin, beim Gottesdienst eine Braut zu finden.

Es lag noch ein weiter Weg vor mir bis zum ersten Einlass in die gottverdammte Disco. Von der federleichten Liebe in der Ostendstraße ganz zu schweigen.

Die Legende vom Bad Berg

Viele Stuttgarter wissen nichts von der Existenz des Mineralbads Berg. Diese Anstalt ist 152 Jahre alt und damit nur wenig älter als die meisten ihrer Besucher. Die Freiluft-Bar im Mineralbad Berg heißt nicht umsonst Entre nous.

Das Kur- und Bäderamt hat das Paradies erst 2008 entdeckt: Da wurde die ganze Stadt mit Werbeplakaten für den schönsten Platz Stuttgarts tapeziert. Man sieht eine blonde Frau, das Bild ist nicht umsonst den Comic-Motiven des Pop-Art-Künstlers Roy Lichtenstein nachempfunden: Eines seiner berühmtesten Werke heißt »Drowning Girl«, »Ertrinkendes Mädchen«.

Auf dem Plakat steht »Mineralbad Berg« und darunter »legendär«. Gemessen am sonstigen kreativen Ausstoß der PR-Texter ein sensationeller Einfall. Auf dem Saunatuch, das ich an Ort und Stelle als Unterlage für meine Hängepartie gekauft habe, liest man den pfiffigen Zweizeiler: »Bad Berg / Das Mineralbad«.

Das Adjektiv legendär bedeutet laut Duden »legendenhaft, sagenhaft, unwahrscheinlich, unglaublich, fantastisch«. Damit steckt die Werbung voller Wahrheit. Alles im Bad Berg ist legendenhaft, sagenhaft, unwahrscheinlich, unglaublich, fantastisch. Ich kann das beurteilen, ich bin jede Woche dort.

Fast nicht zu glauben, dass der Laden neuerdings beworben wird. Früher, bevor es die Stadt erwarb, war das Berg in der Öffentlichkeit regelmäßig durch den Rost gefallen. Als es noch der Familie Blankenhorn gehörte, beschränkte sich das Marketing auf den Verkauf blauer Bademützen. Lange waren sie aus Plastik, und das Becken sah aus, als hätte einer seine Einkaufstüten entsorgt. Ich besitze noch fünf dieser sehenswerten Exemplare, und ich trage sie weiterhin eisern, wenn auch nicht alle gleichzeitig.

Zwar wurde die Badekappenpflicht unlängst abgeschafft. Aber beim Versuch, ohne Mütze zu schwimmen, fühle ich mich nackt. Nur beim Haarewaschen lege ich den blauen Deckel ab.

Haarewaschen war bis vor kurzem den Frauen verboten – nicht im Schwimmbecken, unter der Dusche. Und es ist nicht lange her, da stand »Crawlen verboten« mit C R A W an der Wand der Schwimmhalle; gemeint war Kraulen, die olympische Disziplin.

Die Legenden vom Berg sind sagenhaft. In den siebziger Jahren habe ich mir im Bad mehrfach schwere Verbrennungen geholt. Schuld war nicht etwa die Hitze auf den herrlichen Liegewiesen mit ihren Gingkobäumen und Blutbuchen. Die Anlage wurde sommers vom goldenen Funkeln lebensgefährlicher Blitze getroffen. Es handelte sich um Sonnenstrahlreflektionen, ausgelöst von den Rolex-Uhren und Goldketten an den gut geölten Körpern aufstrebender Zuhälter, Zocker und VfB-Profis. Man sprach vom Goldrausch im Bad Berg, dem legendärsten seit Kalifornien.

Noch heute sehe ich den einen oder anderen der immer noch fantastisch geföhnten Männer, alle schon im Rentenalter, aber noch immer steckt der Taschenkamm weithin sichtbar in der Badehose über der Kimme, gut sitzend wie einst die durchgeladene Kanone. Leider hat die Qualität der Sonnenbrillen nachgelassen. Heute sind die Gläser nur noch außen, frühen waren sie auch innen verspiegelt. Man arbeitete seinerzeit in der Branche eher nach Gehör.

Und es waren immer viele blonde Frauen da, auch sie alle gezeichnet, wenn auch nicht auf Papier. Diese goldene Epoche war sagenhaft. Mögen meine Geschichten unglaublich klingen, so ist es doch unwahrscheinlich, dass sie unwahr sind. Das Bad Berg ist legendär. Nur leider zu oft leer. Die Plakate hätten früher hängen müssen, viel früher als das teuerste Glied der harten Jungs.

Heute ist das Berg eine geschlossene Anstalt. Ein Fremder könnte nicht einfach sein Handtuch auf einen Liegestuhl legen. Blitzartig käme eine Furie angerannt, um brüllend zu behaupten, sie habe hier Liegerecht wie demnächst auf dem Friedhof.

Bis heute hält sich das Gerücht, das Berg werde Neuner genannt, weil hier früher die Straßenbahn der Linie 9 gehalten habe. Das ist Unsinn. Friedrich Neuner hieß der Hofgärtner, der 1856 das Berg angelegt hat. Die Linie 9 fährt von Botnang nach Hedelfingen. Vor dem Berg halten die Stadtbahnlinien 1, 2, 14.

Bis 2005 hat die schönste der drei Stuttgarter Mineralquellen der Familie Blankenhorn gehört. Zuerst Paul, nach dessen Tod mit 90 Jahren seinem Neffen Ludwig. Der letzte Hüter der Quellen, wie man ihn nannte, starb im November 2006 mit 57 Jahren.

Seit 30 Jahren gehe ich ins Berg. Als ich Anfang der Neunziger erstmals in der Sauna aufkreuzte, wurde ich empfangen wie im Therapieraum einer Sekte. Dabei sind Männer und Frauen in der Sauna getrennt. Heute bin ich akzeptiert. Viele Mitglieder der Musterungskommission sind verstorben und deshalb sind gute Plätze frei geworden. »Heute ist es wieder eng«, sagen wir, wenn in der Sauna ein zweiter Mann auftaucht.

Es ist immer eng. Wenn ich allein ins leere Becken steige und einsam schwimme, taucht spätesten nach einer Minute der Badehelm einer rückenkraulenden Dame direkt vor mir auf meiner Bahn auf. Die Frage, ob sie auf dem Weltmeer der Fregatten die Orientierung verloren habe, beantwortet die Dame mit dem sachdienlichen Hinweis, sie schwimme auf diesem Kurs seit dreiundsechzig Jahren.

Das Bad Berg ist legendär. Es ist der Platz der Spartaner, der Gegenentwurf zum Wellnesswahn der Spaßbäder. Ob Sommer oder Winter, der Berg-Junkie ist süchtig nach Sauna und nach 18 Grad kaltem Wasser im Freien. Er schwitzt, er büßt, er reinigt sich.

Nur bei wolkenlosem Hochsommerhimmel gibt es Gedränge. Da kommen die Kreisstadt-Touristen mit ihren öligen Tattoo-Körpern und versauen unser Mineralwasser. Aber auch diese Tage der Entweihung überstehen wir auf nacktem Hintern mit Grandezza. Im Berg gibt es keinen Frust, und falls doch, wird er mit üblen und berechtigten Attacken auf den VfB abgelassen. Aber das ist eine andere Legende.

Die Kläranlage

Es wäre nicht sinnvoll, dauernd in Stadtbahnen und S-Bahnen, in Bussen und Aufzügen herumzufahren, um die Finanzkrise zu verfolgen. Mir scheint, ich habe in den Jahren des Herumfahrens zu wenig Heimatkunde betrieben. Sonst hätte ich schneller bemerkt, dass es noch nicht durchschlagend kriselt. Unseren Pennern von der Bank geht es weiterhin gut. Sie kassieren Milliarden.

Der Oberbürgermeister unserer Stadt ist Finanzkrisenexperte. Er hat unsere Stadtbahnen, unser Trinkwasser und unsere Kläranlagen in Amerika verzockt. Bei den Wahlen wird das keine Rolle spielen. Jedesmal wenn einer sagt, der Oberdorfbürgermeister habe unser Hab und Gut den Geldhaien aus der Stadt in den Rachen geworfen, findet der Oberbürgermeister die deutsche Antwort: Ich habe, sagt er, nichts gewusst. Und überhaupt sollen wir den Skandal nicht so eng sehen, wie es für uns noch werden dürfte. Der Fall ist sowieso nicht mehr zu klären: Die Kläranlage gehört uns nicht mehr. Und die Gefängnisse sind überfüllt.

Früher waren wir eine Bananenrepublik. Heute sind wir eine Banditenrepublik, und dem Oberbürgermeister gelingen biblische Wunder: Kaum hat er sein Geschäft gemacht, schwimmt seine Geldanlage in der Kläranlage.

Beim Herumfahren fällt mir auf, dass sich die Stadt in jeder Bahn anders spiegelt, seit uns die Bahnen nicht mehr gehören. Ich fahre von Vaihingen mit der S-Bahn Richtung Westen, rasend schnell geht es hinab ins Tal, wie im Flugzeug. Es ist später Nachmittag, um mich herum knistert Papier, ich kenne dieses Geräusch: Es ist der Sound der Verschwörung. Die Menschen in der S-Bahn lesen Bücher und Zeitungen. Viele kommen gerade von der Universität. Noch wird die Abschaffung von Büchern und Zeitungen nicht offiziell gelehrt. Manche junge Menschen haben einen respektablen Bauch unter ihrem dicken Buch, und wenn sie einen Anlage-Banker sehen, sagen sie: lieber stattlich als verstaatlicht.

Es gibt neben dicken auch schlanke junge Menschen, die dicke Bücher lesen, da kann ich in meinem Herumfahrerberuf noch keinen eindeutigen Trend feststellen.

Am Abend fahre ich mit der Stadtbahnlinie 14 nach Heslach. Die jungen Menschen in der Bahn sind dünn, schwarz gekleidet, und auf ihrem Rücken hängen zwei Kapuzen. Die eine gehört zu der Jacke drunter, die andere zu der Jacke drüber. In diesem scheußlichen Drunter- und Drüber-Frühjahr braucht der Mensch zwei Kapuzenjacken.

Seh ich weg von dem Fleck, ist der Überzieher weg.

Die Kapuzenmenschen sehen aus, als würden die jungen Kapuzenmenschen nicht richtig essen. In Heslach, das habe ich beim Herumfahren gehört, treffen sich die Veganer. Veganer essen nichts vom Tier. Keine Kutteln und kein Hirn. Keine Hühnereier und keine Fischaugen. Veganer tragen keine Lederschuhe, und gute Ersatzschuhe kosten so viel Geld wie die Schlangenstiefel in unserem Cowboyladen im Gerberviertel. Die Wirtschaftskrise ist nichts für Veganer, ihr Leben ist zu teuer.

Ich schätze, der Oberbürgermeister hätte weniger große Kläranlagen verschachern können, wenn es nur Veganer gäbe. Womöglich röche es besser in der Stadt, wenn wir ein anderes Magen-Darm-Geschäft aufzögen. Weniger Unverdauliche säßen an den Rohren der Macht.

Ich selbst kann mir ein Leben ohne Tierschuhe nicht vorstellen. Müsste ich in Gummischuhen herumlaufen, verlöre ich das Gefühl für die Stadt. Wie ich höre, ist es politischer Protest, nichts vom Tier zu essen. Aber es ist auch Protest, mit amerikanischen Stiefeln in der Bahn zu fahren, die der Oberbürgermeister beim Mau-Mau in New York verloren hat. Die Stiefel folgen ihm bis nach

Amerika, und bald wird einer in der Stadt frisch gemischte Betonschuhe tragen.

Der Oberbürgermeister glaubt, wir könnten vergessen, dass er zuerst sich, dann die Bürger und am Ende alles vergessen hat. Er hat sich getäuscht. Die Menschen auf der Strecke von Vaihingen ins Tal lesen Bücher und Zeitungen. Knisterndes Papier erzählt, wo der Oberbürgermeister unser Geld versiebt hat. Border Leasing. Die Kapuzenkrieger auf der Linie 14 nach Heslach haben mir gesagt, was er ausgefressen hat: Die Blutwurst der Gier hat er verschlungen. Das sollte er wissen, wenn ihn die Veganer holen.

Blaukraut im Fässle

Am 24. Oktober 1977 nimmt der Wirt und Spezialitätenkoch Eugen Maier, 39 Jahre alt, wie immer montags seinen freien Tag. Sein Restaurant Fässle im Stuttgarter Stadtteil Degerloch, das er seit 1971 mit seiner Frau Inge betreibt, hat geschlossen. Eugen Maier ist ein geselliger Mensch, an diesem Montag geht er zum Frühschoppen ins Gasthaus Wilhelmshöhe, um mit seinen Degerlocher Kollegen zu plaudern. Maier sitzt noch nicht lange, da betritt ein unbekannter Gast das Lokal. Der Fremde fragt den Wirt der Wilhelmshöhe, ob er bei ihm für eine Trauerfeier reservieren dürfe, für circa zwanzig Gäste.

Der Wirt lehnt ab.

Der Mann, der gefragt hat, ist der Stuttgarter Pfarrer Helmut Ensslin, Vater der Terroristin Gudrun Ensslin, die am 27. Oktober zusammen mit den RAF-Mitgliedern Andreas Baader und Jan-Carl Raspe auf dem Dornhaldenfriedhof beerdigt werden soll. Die Terroristen haben sich in der Nacht zum 18. Oktober im Gefängnis von Stammheim umgebracht.

Eugen Maier geht nach seinem Besuch in der Wilhelmshöhe nach Hause, er redet kurz mit seiner Frau und ruft Ensslin an. Spontan, wie er später sagt. Maier bietet dem Pfarrer an, die Trauergemeinde zu bewirten. Ensslin ist dankbar, er sagt, man treffe sich »im kleinen Kreis«.

Das Wirtsehepaar reserviert das Nebenzimmer und bittet eine Gruppe heimischer Rechtsanwälte, die sich hier regelmäßig trifft, ausnahmsweise einen anderen Platz einzunehmen.

Die Maiers ahnen nicht, was auf sie zukommt. Für den 27. Oktober teilen sie einen neuen Kellner zum Dienst ein, es ist sein erster Arbeitstag. Rindsrouladen mit Blaukraut und Knödel sind bestellt. Das Fässle in dem schmucken alten Backsteingebäude gilt als gutbürgerliche Adresse.

Am frühen Nachmittag des 27. Oktober kommen die Trauergäste. »Und dann«, wird Inge Maier später sagen, »wurden wir überrannt.«

Immer mehr Leute drängen ins Lokal. Vor dem Haus marschieren Schaulustige auf. Es kommt zu Pöbeleien. Über dem Restaurant kreist ein Polizeihubschrauber. Die Maiers sind völlig überfordert.

Ihre letzten Vorräte gehen drauf. Sie kassieren nicht mehr an den Tischen, sie haben den Überblick verloren.

Unter den Gästen sind der RAF-Anwalt Otto Schily und die Regisseure Alexander Kluge und Volker Schlöndorff. Die Künstler machen Interviews für den Film »Deutschland im Herbst«. Auch die Maiers stehen vor der Kamera. Die Stammgäste, darunter die Anwälte, verlassen das Lokal unter Protest. Der *Spiegel* wird wenige Tage danach einen der Fässle-Honoratioren mit den Worten zitieren: »Wir gehen – do schmeckt's ons nemme.«

Nach diesem Tag ist es für die Wirtsleute unmöglich, zur Normalität zurückzukehren. Pausenlos klingelt nach der Beerdigung das Telefon. Es hagelt Beleidigungen: »Sympathisantenschweine«, das Übliche.

Die aggressive Stimmung im Deutschen Herbst 1977 ist auf dem Höhepunkt, der entführte Arbeitgeberpräsident Hanns Martin Schleyer neun Tage zuvor ermordet worden. Stammkunden des Fässle teilen schriftlich mit, in Zukunft wegzubleiben, und das sind nicht nur die Kegelbrüder, die sich immer zur Weihnachtszeit beim Wirt beschweren, weil kein Christbaum an der Bahn steht.

Ein Mann kommt nach dem Leichenschmaus ins Lokal und provoziert den Wirt: »Hast du eine Knarre?« »Nein«, sagt der Wirt, »ich habe zwei.« Die Maiers, mit ihren Kindern Jeanette, 6, und Alex, 3, flüchten zu Freunden nach Koblenz. Während ihrer Abwesenheit übernimmt

Inge Maiers Vater Richard Domhan, ein konservativer Mann, Vorsitzender der SpVgg Feuerbach, im Lokal den Telefondienst. Er hört sich Beschimpfungen an – und notiert Reservierungen neuer Gäste, die sich mit den Maiers solidarisieren.

»Wir dachten nicht an Werbung fürs Lokal«, sagt Inge Maier heute. »Wir hatten geglaubt, wir bewirten zwanzig Leute, und damit sei die Sache erledigt.« Ihrem Mann hat sie nach dem Telefonat mit Ensslin gesagt, auch Eltern von Terroristen hätten ein Recht auf Trauerarbeit. Als Mutter könne sie mitfühlen. Ihr Vater, der mit »dem Eugen« als Ehemann von Anfang an nicht einverstanden war, hält zu ihr. Er will nicht, dass das Restaurant zugrunde geht.

Eugen Maier, dunkle Haare, schwarzer Schnauzer, gilt 1977 als Exot. Viele glauben, er sei Türke. »Zwei Bier – du verstehen?« Maier kommt aus dem Kohlenpott. Er ist ein ehemaliger Abenteurer, in Frankreich hat er die Regeln der Gastronomie und der Pferderennbahn von Marseille gelernt.

Er bereitet im Fässle neben schwäbischer Küche französische Gerichte zu. Er ist belesen, geht ins Theater, schwärmt vom Fußball und von der Tour de France.

Nach dem Begräbnis der RAF-Leute verändert sich das Publikum des Lokals über Nacht. Die Honoratioren meiden es demonstrativ. Dafür kommen die Künstler. Stuttgarts Schauspieldirektor Claus Peymann, nach seiner Geldspende für den Zahnersatz der RAF-Mitglieder in den Schlagzeilen, wird ebenso Stammgast wie die gefeierten Bühnenstars des Ensembles, darunter Lore Brunner, Gert Voss, Martin Lüttge. Man trifft sich bei unvergesslichen Festen. Freundschaften werden geschlossen. Der Maler Jan-Peter Tripp entwirft das Etikett für den Crémant des Hauses. Von dieser Veränderung hätten sie und ihr Mann menschlich viel profitiert, sagt Inge Maier. Mit den neuen Gästen konnten sie über Dinge reden, die sie interessierten. Eugen ist ein guter Erzähler.

Der 27. Oktober 1977 wirkt auf die Maiers in jeder Hinsicht nach. Noch lange haben sie das Gefühl, dass ihr Telefon abgehört, dass sie beobachtet werden. Und jedes Mal, wenn sie nach Frankreich zum Einkaufen fahren, werden sie an der Grenze scharf kontrolliert. Vor dem 27. Oktober hat es nie Probleme gegeben. Es wird Jahre dauern, bis sich das Leben normalisiert.

Dann schlägt das Schicksal zu. Eugen Maier stirbt 1987 an einer Herzattacke, er ist gerade beim Friseur. Inge Maier führt das Fässle noch bis 1992. Es kommt zu einem unschönen Ende im Pächterstreit.

Inge Maier ist heute Rentnerin. Sie hat ein Album mit Fotos und Dokumenten aus den siebziger Jahren aufbewahrt. Darin ist der handschriftliche Brief einer späteren Buchautorin aus Stuttgart vom November 1977 an Eugen Maier abgeheftet. Auszug: »Aufgrund der ungeheuren und unberechenbaren Gefahr, die nicht nur jeder Terrorist selbst, sondern auch dessen geistiges Sympathiefeld für unseren Staat und somit für jeden einzelnen Bürger bedeutet, halte ich Ihre Handlungsweise in dieser Sache für unrichtig.«

Das Fässle in der Degerlocher Löwenstraße gibt es noch, das Nebenzimmer heißt Jan-Peter-Tripp-Lounge. An Deutschland im Herbst erinnern die schmiedeeisernen Weintrauben an der Hausfassade.

Sehr schön ist auch die Flöte

Es muss mit dem Teufel zugegangen sein, als ich mich diesem Thema genähert habe. Ich verstrickte mich in etwas Dunkles, Abgründiges, ich begegnete dem angeblich letzten Tabu unserer Zeit. Ich habe den Tod getroffen.

An der Decke der Stadtbahn lese ich das Gedicht *Ein Winterabend*, geschrieben von Georg Trakl; 1914 ist der Dichter, 27 Jahre jung, an einer Überdosis Kokain gestorben. Ob absichtlich oder versehentlich, weiß man nicht. Die letzte Strophe des »Winterabends« geht so:

Wanderer tritt still herein / Schmerz versteinerte die Schwelle. / Da erglänzt in reiner Helle / Auf dem Tische Brot und Wein.

Neben diese Zeilen in der Stadtbahn hat ein sanfter Poet aus dem VfB-Orbit die finale Botschaft geklebt: »Bayern verrecke!« Darunter steht, wohl um dem Wanderer der Stille zu huldigen: »Schwaben on tour!« Mir schwante nichts Gutes, als ich diese Sätze in mein Notizbuch schrieb. Am Hölderlinplatz – wo sonst als an diesem scheußlichen Denkmal des nachthellen Dichters – stieg ich aus und lief einige Schritte, um der Aura der Vergänglichkeit zu entkommen. Dann stand ich vor dem Schaufenster des weithin bekannten Beerdigungsinstituts Haller. Der Tod ist eine OHG. Sieh an, dachte ich, haben diese Räume nicht vor ein paar Jahren ein Geschäft beherbergt, das uns vorgibt, das Sterben zu verzögern? Gar zu verhindern?

Doch, so war es. Anscheinend aber hat das Gewerbe

mit der Gesundheit nicht genug abgeworfen, um der Konjunktur des Todes Paroli zu bieten. Die Apotheke ging ein, und bald darauf präsentierte sich hier das Bestattungshaus seiner Laufkundschaft.

Leider habe ich den Namen der verschwundenen Apotheke am Hölderlinplatz vergessen. Der österreichische Dichter Trakl hat als Achtzehnjähriger eine Lehre in der Salzburger Apotheke »Zum weißen Engel« begonnen. So würde man normalerweise ein Wirtshaus taufen, die Kellnerinnen trügen weiße Kleider mit Flügelärmeln, und die jugendlichen Gäste sängen: »Schnaps, das war sein letztes Wort / Dann trugen ihn die Englein fort.«

Auch der Dichter Trakl war in seiner Bleibe »Zum weißen Engel« dem Alkohol zugeneigt, vor allem aber Morphium und Opium, und er liebte diese Trips. Seine ersten Theaterstücke hießen »Totentag« und »Fata Morgana«. Wie hätte ich diese schicksalhafte Verkettung ahnen können an diesem Tag, der mit dem Gedicht »Ein Winterabend« begonnen und mit dem Fluch »Bayern verrecke! Schwaben on tour!« seinen Lauf genommen hatte. Es blieb mir nichts anderes übrig, als mich dem Tod zu stellen. An der Fassade des Bestattungshauses Haller steckten Broschüren – ein »Persönlicher Bestattungs-Vorsorgeführer« und »Gut Abschied nehmen«. Da ich gerade keine Lust hatte, mein Testament zu machen, wandte ich mich der Abschiedspostille zu. »Während der Trauerfeier«, heißt es da, »können Sie verschiedene Rituale mit einbauen« und »Musik auswählen, die dem Verstorbenen entspricht. Sie sind nicht an traditionelle Orgelstücke gebunden. Sehr schön sind auch Trompete, Flöte oder Gitarre.«

Ich habe das alles in Ruhe gelesen, und ich verfüge heute: Sollte einer daran denken, dereinst die Flöte zu blasen, wenn mich die weißen Engel forttragen, soll er verrecken. Und es wird Schreckliches geschehen, wenn der letzte Spielmann sich im Ton vergreift. Ich habe schon Pferde vor der Apotheke kotzen sehen.

Die Brücke

Es ist Sonntagnachmittag, als ich am Kelterplatz in Zuffenhausen aus der Stadtbahn steige. Ich habe mich daran gewöhnt, an Baustellen zu landen. Der Kelterplatz ist eine Baustelle. Sonntage sind keine guten Tage für Spaziergänger, sonntags haben die Straßen und Häuser nicht viel zu erzählen. Es gab keinen Grund, nach Zuffenhausen zu fahren. Zuffenhausen war ein Gefühl.

Ich biege rechts ab, Richtung Unterländerstraße. Die Unterländerstraße ist die Geschäftsstraße von Zuffenhausen. Ich gehe sie entlang, ohne mir Notizen zu machen. Sonntags taugen Notizen nicht viel. Ich kann in den blinkenden Bauch einer Spielhölle sehen, die verwaisten Automaten, den alten Mann am Eingang. Eine Kollegin winkt mir aus einem Straßencafé. Das freut mich. Es ist gut, wenn man jemanden kennt in Zuffenhausen.

Die Unterländerstraße endet in einer Brücke, eigentlich sind es zwei Brücken, eine für die S-Bahn, eine für die Eisenbahn. Die Brücken sind alt, nur drei Meter sechzig hoch. Ihre Stahlträger lassen ahnen, dass Brückenbauen große Kunst ist, Artistenkunst. Die Stahlträger der Eisenbahnbrücke sehen aus, als seien sie mit trotziger Fantasie geschmiedet worden. Es sind keine kompakten Metallstücke wie Schienen, sondern grob gemusterte Pfeiler mit Löchern zum Durchschauen. Gangsta-Rapper tragen solche Teile um den Hals.

Ich gehe unter der Brücke durch, setze mich auf die Bank an der Haltestelle Zahn-Nopper-Straße und warte auf die Linie 15 nach Stammheim. Diese Bahn hat der Stuttgarter Theaterdirektor Claus Peymann in der RAF-Ära der siebziger Jahre als Film in Albert Camus' Drama

»Die Gerechten« eingeblendet und damit einen politischen Skandal ausgelöst. Es ist meine letzte Fahrt mit der alten 15, sie muss einer moderneren Bahn weichen.

Auf der Bank vor dem Brückentunnel betrachte ich lange das virtuose Gewirr der Oberleitungen. Die Drähte scheinen nicht sehr hoch gespannt, ein Basketballspieler könnte sie im Sprung erwischen.

Als die Bahn kommt, setze ich mich auf den Platz vor einem jungen Paar. Heimlich schaue ich nach hinten. Mir gefällt, was ich sehe. Der Junge trägt eine Baseballmütze, das Mädchen schwarze Haare über einer rosa Jacke, und beide haben sie die Stöpsel eines iPhones im Ohr. Der Junge den Knopf im linken Ohr, das Mädchen ihren im rechten. Es sieht lustig aus, zwei Menschen aneinander gekabelt, womöglich für immer. Wenn sich Mann und Frau zwei Ohrstöpsel teilen, muss es Liebe sein. Stereo kann man nicht teilen wie eine Flasche Schnaps.

»Ich halte das nicht mehr aus«, sagt das Mädchen. Der Junge schweigt. »Sag ihr, dass sie mir etwas aufheben muss«, sagt das Mädchen, »ich kann nicht mehr.« Der Junge kann sie auf dem linken Ohr nicht hören. Er sagt nichts. »Ich gehe nicht mehr nach Hause, wenn wir heute nicht zwei Gramm auftreiben«, sagt das Mädchen.

Wir fahren am Pragfriedhof vorbei, und ich frage mich, wer wohl die lustige Idee hatte, die Kneipe vor dem Friedhof *Apostel* zu nennen. Eines Tages, wenn sie mich zum Pragfriedhof fahren, werde ich den Kutscher zum Halten zwingen. »Ich muss erst noch zum Apostel«, werde ich sagen. »Trinken Sie einen mit mir, Kutscher!«

Das Mädchen sagt: »Ich kann nicht mehr. Wenn wir heute nichts auftreiben, pumpe ich mir Luft in die Vene. Ich habe keinen Bock auf Schmerzen. Ich gebe mir eine Überdosis Luft.«

Der Junge schweigt, er sitzt regungslos da, und beide haben sie ihren Stöpsel im Ohr. Am Hauptbahnhof steige ich aus und kaufe mir eine Flasche Wasser. »Bitte ohne Kohlensäure«, sage ich zur Verkäuferin.

Im Bunker

An einem Nachmittag vor Pfingsten 2005 wurde ich in einer älteren Limousine der Firma Saab mit der Anweisung auf die Alb gefahren, in der Nähe von Kirchheim unter Teck ein Landschaftsschutzgebiet aufzusuchen, um dortselbst wegen meiner angeschlagenen Gesundheit frische Luft zu schnappen.
Außerdem solle ich auf diesem Ausflug, so hieß es, eine Idee aufschnappen zum Thema »Die Kunst der dekadenten Küche«, weil ich anderntags mit dem Stuttgarter Koch Vincent Klink und dem Berliner Verleger Klaus Bittermann zu einer Lesung im Theater Rampe geladen war und in meinen Texten außer einer Geschichte über ein Heslacher Grillhühner-Taxi nichts Passendes zu finden war.

Nach einer dreiviertel Stunde Fahrt landete ich im Vorhof eines Kaffs namens Beuren, das neben einigen Hektolitern Thermalbadewasser und guter Landschaftschutzluft auch über ein Freiluftmuseum verfügt.

Die Verwaltung des Freiluftmuseums ist in einem großen, von der Öffentlichkeit abgeschirmten Landschaftsschutzgebiet untergebracht, das eigentlich gar nicht betreten werden darf. Unter dem Verwaltungsgebäude, im Stil einer zivilen Baracke errichtet, befindet sich ein Atomschutzbunker, den keiner sehen soll. Dreißig zusätzliche Munitionsbunker in dem Landschaftsschutzgebiet sind kaum erwähnenswert. Die wurden Ende der sechziger Jahre von der Nato gebaut, mit dem strategischen Hintergedanken, den Russen im Fall eines weltrevolutionären Angriffs auf den Großraum Beuren Feuer unterm Arsch zu machen.

Die Munitionsdepots wurden Ende der neunziger Jahre

still und leise geräumt, nachdem man keinen Grund mehr gesehen hatte, die Rote Armee im Großraum Beuren zu bekämpfen.

Was von den Knallern aus den Depots übriggeblieben ist, weiß man nicht genau. Vermutlich kann man das Zeug heute bei den Herren aus dem Russisch sprechenden Ausland in den Bahnhofsvierteln deutscher Großstädte erwerben.

Das Beurener Freiluftmuseum, einige Fußminuten vom Verwaltungsgebäude entfernt, wird ergänzt von einer vorzüglichen Gartenwirtschaft. Von hier kann man auf eine Weide mit Rindern schauen, die wegen ihrer großen Hörner an amerikanische Bisons erinnern und nach entsprechender Bearbeitung über einem guten Lagerdauerfeuer aus Nato-Beständen recht gut schmecken dürften.

Darauf will ich aber nicht hinaus.

Zuvor war ich in einer kleinen, offenbar mit guten Atomschutzbunker-Kontakten ausgestatteten Besuchergruppe in den Atomschutzbunker geführt worden. Diese Einrichtung muss man sich wie eine handelsübliche Knastzelle mit übereinandergebauten Plastikbetten vorstellen. Man fühlt sich wie in einem Mausoleum für lebende Leichen.

In diesem Kabuff zog ein Schild an der Wand meine Aufmerksamkeit auf sich, obwohl mich ein Mann in schwarzem Anzug anrempelte. Der Mann war im Porsche angereist und hatte sich nach seiner Ankunft als Metzinger Steuerberater ausgewiesen. Er trug eine Grubenlampe vor dem Hirn und machte sich daran, die stoßsicheren Sitze des Bunkers mit ihren eisenharten, dem Hals hauteng angepassten Nackenstützen zu prüfen: Aha, sagte er sich, das sind die Recaro-Sitze der Nato.

Besagtes Schild informierte über »Die Verhaltensregeln im Schutzraum«. Eine der wichtigsten Anweisungen lautet so: »Schlaflosigkeit, Hunger, Durst, Erschöpfung sind zu vermeiden.«

Ich wurde stutzig. Schwer zu begreifen, warum im Fall

eines atomaren Einschlags ausgerechnet Hunger und Durst zu vermeiden sind. Nach meinen bescheidenen Kenntnissen der Kriegsführung dürfte es ernährungswissenschaftlich unerheblich sein, ob man gerade Hunger hat oder nicht, wenn einem das *friendly fire* einer Pershing die Birne aus der Nackenstütze bläst. Kein noch so fein gebratenes Bisonsteak könnte sich in meinem Magen wohlfühlen bei der Aussicht auf einen atomaren Nachschlag. Atomraketen fördern – um auf die Anweisungen im Schutzraum zurückzukommen – in Atomschutzbunkern mit großer Wahrscheinlichkeit Schlaflosigkeit und Erschöpfung, wenn sie während des Essens angesegelt kommen.

Doch auch für diesen Fall gibt es im Bunker Verhaltensregeln: Nach Panikausbrüchen, heißt es auf dem Schild, müsse man »sich als Führer zeigen«. Ich schätze, das wäre ein Job für unseren Metzinger Steuerberater. Männer mit Grubenlampen vor dem Hirn, wie man sie nachts auch beim Nordic Walking beobachten kann, haben Führerqualität.

Als wir die Depots, den Zeig-uns-den-Führer-Bunker und die Gartenwirtschaft von Beuren hinter uns gelassen hatten, sagte uns der Steuerberater mit der Leuchte an der Stirn, er müsse auf der Fahrt in seine Heimatgemeinde unbedingt eine Rast einlegen. Es sei ihm nämlich ein dringendes Bedürfnis, sich umgehend bei »Key Ef Si« zu verköstigen. Ich wiederhole: KFC. Hinter dieser Abkürzung – die Gourmets wissen es – verbirgt sich die Firma Kentucky Fried Chicken, die Kraut- und Hühnerpampe-Erfindung des Führungsoffiziers Colonel Sanders.

Verstehen Sie mich nicht falsch, liebe Leser, ich schulde Ihnen noch meine Eischätzung der Kriegslage:

Wenn ein Mann aus Metzingen mit Grubenlampe vor dem Hirn nach dem Besuch des Beurener Atomschutzbunkers Lust bekommt auf die Panadekeulen von Kentucky Fried Chicken, dann gibt es keine Zweifel mehr: Die Atombombe ist nicht umsonst erfunden worden.

Becketts Neckarklause

Am Tag vor Samuel Becketts Geburtstag am 13. April 2006 ging ich die Neckarstraße entlang, vom Neckartor bis zum SWR-Gebäude. Der irische Dichter und Nobelpreisträger Samuel Beckett wäre an diesem Tag hundert Jahre alt geworden. Hätte er noch gelebt, wäre ich ihm vielleicht in der *Neckarklause* begegnet, wenn es die Neckarklause noch gegeben hätte.

Samuel Beckett hat bis in die achtziger Jahre hinein, als es beim Fernsehen Menschen mit Haltung und Courage gab, mit dem Süddeutschen Rundfunk zusammengearbeitet. In den Pausen ging der Dichter über die Straße in die Neckarklause, das Lokal zwischen dem Hotel Köhler und dem Hotel Stern. In der Kneipe setzte er sich allein in die Ecke und lernte heimlich Schwäbisch. Als er am 22. Dezember 1989 in Paris gestorben ist, habe ich den Wirt der Neckarklause angerufen und gesagt, sein Gast, Mr. Beckett, sei gestorben. Er kenne keinen Mr. Beckett, hat der Wirt geantwortet und aufgelegt. Mr. Beckett hat nie mit ihm geredet.

Dafür hat er uns ein Gedicht hinterlassen, in der Übersetzung von Karl Krolow lautet es so:

Vergesst nicht beim Stuttgart-Besehen / die Neckarstraße zu gehen. / Von dem Nichts ist an diesem Ort / der alte Glanz lange fort. / Und der Verdacht ist groß: / hier war schon früher nichts los.

Ein Schlaumeier der Berliner *Tageszeitung* hat zu Becketts Geburtstag dieses Gedicht zitiert und dahinter geschrieben: »Wer die Neckarstraße kennt, stimmt zu ...«

Dummes Geschwätz. Seit ich als Spaziergänger arbeite,

gehe ich gern die Neckarstraße entlang. Sie ist bunt, feinverstaubt, und an guten Tagen riecht sie nach Im- und Export. Wenn ich an der Werkstatt des Schumachermeisters Jaekel vorbeikomme, würde ich mir gern ein Paar Maßstiefel aus Krokodilhaut fertigen lassen.

Früher hatten Cowboystiefel in der Neckarstraße Konjunktur. Wo heute das Funkhaus steht, befand sich nach dem Zweiten Weltkrieg der Zirkusbau von Schulte, dort boxte die berühmte Staffel des SV Prag.

Gleich nebenan, auf dem ehemaligen Stadthallengelände, hatte Franz Althoff einen festen Zirkusbau. Darin wurden nicht nur Operetten gegeben, vor brechend vollen Rängen gingen auch die Shows der Catcher über die Bühne. Unweit der Neckarstraße, in der heutigen Willy-Brandt-Straße, war der Wulle-Festsaal; in diesem Etablissement hat ein gewisser Arnold Schwarzenegger seine Karriere als Bodybuilder gestartet. 1965 nahm der Österreicher im Wulle-Feststaal an der europäischen Juniorenmeisterschaft teil, und hätte er nicht gewonnen, wäre Kalifornien heute vielleicht ein glückliches Land.

Im Wulle-Festsaal kam es vor, dass bei der Hauptversammlung der Stuttgarter Kickers ein gut betuchter Vereinsmeier einen Zehntausend-Mark-Scheck so provozierend auf einem silbernen Tablett herumreichte, bis die Sportskameraden die Kollekte versechsfachten.

Über der Tür des benachbarten Hotels Köhler steht heute noch: »Schwäbische Gemütlichkeit seit 1915«. Richtig heimelig ging es in den siebziger Jahren zu, als im Köhler die Catcher um den Ringer-Champion Roland Bock logierten. Sie stiegen auf dem Wasen in den Ring, und ihre privaten Kämpfe trugen sie im Köhler aus. Manchmal ging es um Leben und Tod. Der Boxer und Catcher Norbert Grupe, als »Prinz von Homburg« berühmt, wäre eines Nachts beinahe von einem russischen Kollegen mit dem Besenstiel erwürgt worden.

Es war viel los an der Neckarstraße. Davon konnte Mr. Beckett nichts wissen, weil er entweder in der Neckarklause saß oder in der Stuttgarter Bundesgartenschau bei seinen Lieblingsbäumen weilte.

In der Neckarklause haben neue Lokale eröffnet, die Namen wechseln. Zuletzt hieß es Porto Latino. Hin und wieder schaue ich rein. In der Ecke sitzt Becketts Geist. Er schweigt.

Die Stimme in der Bahn

Am 6. Mai 2008 um neun Uhr abends, die Stuttgarter Außentemperatur betrug geschätzte 20 Grad Celsius, fuhr ich mit der Stadtbahnlinie 7 von der Waldau Richtung Charlottenplatz. Wer mit einem solchen Satz seine Kolumne startet, werden Sie sagen, sollte vier Wochen barfuß durch die Stadt gehen, um wieder Bodenhaftung zu kriegen.

Neulich lief ich zügig wie ein Sportsmann durch den Stadtgarten. Kennen Sie den Stadtgarten? Der Stadtgarten ist die meist unterschätzte grüne Wiese der Stadt. Eine Oase erregender Ruhe. Gehen Sie mal hin, Keplerstraße, Universitätscampus, schauen Sie den Tulpen zu, wie sie stolz und farbenfroh blühen, wie die Studentinnen auf der Wiese.

Mädchen unter 21 Jahren, lese ich in der Zeitung, werden immer gewalttätiger. Mädchen unter 21 Jahren sind doppelt so brutal wie vor zehn Jahren. Dies behauptet Baden-Württembergs Innenminister Heribert Rech, und er behauptet es im Mai, wenn im Stadtgarten die Tulpen blühen. Im Stadtgarten blühen viele Tulpen. Einem Mann, der sein Messer wie seine eigene Mutter liebt, kann es egal sein, wenn der Ministerpräsident am Muttertag den freien Tulpenverkauf verbietet.

Herrn Oettinger, das muss ich Ihnen nicht sagen, kennen wir inzwischen: Er ist der Gärtner des Unheils. Jedes Mal aber, wenn sein Kollege Heribert Rech den Mund aufmacht, gibt es Alarm, wie wir ihn bisher nicht gekannt haben. Erst überwacht Herr Heribert das ganze Land mit Videos, als seien wir eine Discounter-Filiale. Dann bildet er libyische Polizisten aus, bis der Staatsanwalt kommt, und am Ende behauptet er, Schuld an der neuen Brutalität hätten Mädchen unter 21. Herr Heribert, gehen Sie mal in den Stadtgarten, schauen Sie den Tulpen und den Studentinnen beim Blühen zu. Die blühen in Freiheit, beschattet nur von Ihren Spitzelkameras.

Wenn der Frühling kommt, denken die Menschen, es sei das Licht der Sonne, das ihre Stadt verändert. Das stimmt nicht. Es ist das saftige, satte Grün, das die Stadt verwandelt, und es ist so satt und saftig, dass Herrn Heriberts Polizisten heute lieber Blau als Grün tragen, bevor es im Stadtgarten zu Verwechslungen kommt.

Ich wollte Ihnen erzählen, dass ich am 6. Mai 2008 um neun Uhr abends, als die geschätzte Außentemperatur 20 Grad Celsius betrug, mit der Stadtbahnlinie sieben von der Waldau zum Charlottenplatz fuhr. Am Olgaeck hörten die Gäste der überfüllten Bahn ohne Vorwarnung eine menschliche Stimme. Diese Stimme war männlich und dennoch so sanft, als wollte sie uns das Lied der Tulpen singen. Doch der Text ging anders: »Verehrte Fahrgäste«, teilte die Stimme mit, »aufgrund der Witterung ist an den Haltestellen mit Glatteis zu rechnen ... Seien Sie vorsichtig ... Der Streifendienst ist bereits im Einsatz.«
Die Gäste im Waggon verstummten. Ich suchte die Sitzreihen nach einem Komiker ab. Ein Komiker wäre mir aufgefallen. Ich sah aber nirgendwo einen Komiker. Es gab auch nichts zu lachen. Die Stuttgarter Kickers hatten gerade 1:2 gegen 1860 München II verloren. Dann lachten alle, und manche, die sich noch nie gesehen hatten, lachten sich an, als hätten sie schon immer zusammen gelacht. Diese Stimme war nicht live, sie kam aus dem Off, aus dem Nirgendwo. Diese Stimme war außerirdisch.

Heute, da ich darüber nachdenke, gibt es nur eine Erklärung für diesen Zwischenfall: Ein Computer aus Heriberts Überwachungsmaschinenpark hatte durchgedreht. Viele Mädchen unter 21 saßen im Waggon, es roch nach Tulpen, und lachend fuhren wir weiter.

Der Engel von London

Ein bauernschlauer Weingärtner aus Heilbronn, im Nebenberuf Abgeordneter der FDP, kam Ende der neunziger Jahre des vorigen Jahrhunderts auf die Idee, verkürzte Sperrzeiten für die Kneipen in Stuttgart zu fordern. Zuvor war er zur politischen Weiterbildung in die Hauptstadt Berlin gefahren, um sein Flaschendasein zu beenden. Er wollte auch in Stuttgart nächtens unbehelligt sein Maul aufreißen.

Sperrzeiten zu verkürzen heißt ja nichts anderes, als die Nächte zu verlängern. Die Grenzen in den Revieren der Wissenden abzuschaffen.

Ein idiotischer Plan. Mit der Liberalität am Zapfhahn drohte der Verlust des letzten Abenteuers: die Flucht vor der Frühschicht der Bullen.

Die Geschichte vom FDP-Winzer ging mir durch den Kopf, als ich in London meinen Freund Gary besuchte. Gary ist Chef der britischen A-cappella-Band Flying Pickets. Wir hatten zusammen in Stuttgart einige nächtliche Tourneen gestartet. In der Stadt, in der Gary wegen einer Frau Quartier bezogen hatte, schlug die Stunde der Wahrheit meist morgens um vier. Die letzte Disco, das AT, machte dicht, danach hatten wir ein Problem. Morgens um vier war das letzte Lied noch nicht gesungen, aber erst um sechs öffneten die wenigen Frühkneipen.

Mit etwas Stehvermögen und gutem Trinkgeld war es möglich, den Rausschmiss aus der Disco bis halb fünf hinauszuschieben. Danach aber leuchteten nur noch einige Rotlichter, die weder den Stimmbändern noch dem Geldbeutel eines Sängers Gutes versprachen.

In diesem Elend kam es darauf an, mit den Weihen der

Stadt gesegnet zu sein. Wir schlichen in der Dämmerung zum Fenster des liberalen Bäckers Schmälzle in der Hauptstätter Straße. Der liberale Bäcker Schmälzle reichte frische, heiße Schinkenhörnchen durchs Fenster, an guten Tagen öffnete er auch die Tür zu seiner Backstube.

Kein Mensch, der die Verbote der Nacht nicht kennt, kann ahnen, was es heißt, einen vom Fusel übersäuerten Magen kurz vor Sonnenaufgang mit einem heißen Schinkenhörnchen zu verwöhnen, zumal in einer Epoche, da es die nächtlichen Kebab-Salons nicht gab.

Gary hat nie das Brot der frühen Jahre schätzen gelernt. Er war ein verwöhnter Sänger. Wenn ihn seine deutsche Dame am Morgen Brötchen holen schicken wollte, zog er sich mit dem Hinweis zurück, er sei kein Dienstbote, sondern ein Gentleman. Er war ein streng gescheitelter Kopf voller britischer Eigenheiten. Manchmal ging er auf die Bühne und brüllte in den Saal: »Do you want Rock'n'Roll?«

Danach, wenn das Publikum mit Hilfe aller zur Verfügung stehenden Englischkenntnisse »Yeah!« zurückgebrüllt hatte, flötete Gary mit schwulem Oxford-Nasal: »I'm sorry, I don't play any Rock'n'Roll.« Dann ahmte er mit seiner Stimme eine Trompete nach und blies uns den Dixie, die Musik vollbärtiger Studienräte, wofür ihm heute noch eine Backpfeife gehört.

Eines Abends fuhr ich hinaus ins Londoner East End, um Gary zu besuchen. Ich landete in einer unwirtlichen Gegend. Verlassene Fabrikgebäude, abgewrackte Backsteinhäuser. In diesem Niemandsland hatte kurz zuvor eine Bar eröffnet, weshalb in der Umgebung die Wohnungsmieten hochschnellten. Wir setzten uns in einen Club voller Yuppies, verzehrten einen kleinen Fisch für 50 Pfund pro Mann und drohten an Hunger und Kokswolken zu sterben, als Gary sagte, es sei an der Zeit, das Lokal zu wechseln. Wir machten uns auf den Weg zu einem Pub, einem »sad Pub«, sagte Gary.

Kurz vor elf landeten wir im traurigen Pub. Kein guter Zeitpunkt, denn bis zu jenem Tag wurden um elf Londons Pubs geschlossen. Von außen erinnerte der Laden an eine getarnte Garage, in der man einen unbezahlten Rover vor den Kredithaien verstecken könnte. Am Tresen begrüßte uns ein alter Mann, dessen Gesichtshaut bröckelte, als habe er die Furchen mit Fensterkitt verspachtelt. An den paar Tischen saßen wenige, leise sprechende Leute, vielleicht Schmuggler, und ich dachte, wir bestellen einen Letzten zum Gehen.

Als es elf schlug, zog der Mann mit dem Gesichtskitt seine Schürze aus und verschwand im Dunkeln. Ein Jüngerer kam, ließ die Rollläden runter und prüfte die Zapfhähne. Er stellte Kerzen auf die Tische und löschte das elektrische Licht.

Eine Frau schwebte durchs Lokal, eine schwarze Göttin. Keine Ahnung, woher sie gekommen war. Sie ging zur Tür. Irgendwo da draußen mussten sich unzählige Unsichtbare befinden, ihre Klopfzeichen sollten wir schon bald vernehmen.

Die schwarze Schönheit stand in dieser Stunde an der Schwelle zum Glück. Sie stand einfach da, senkte und hob den Daumen. Sie musste ein Engel sein, der über den Schlüssel zum Paradies verfügte. Gary, der Sänger, lächelte wissend und summte lautlos ein Lied. Der Mann am Tresen des traurigen Pubs bediente geräuschlos die Gäste.

Wir saßen, umlagert von Menschen, am Tisch und tranken. Ich kaute verunsichert auf den Lippen. Mein kleiner Fisch schwamm einsam im Meer der Magensäfte.

Dann kam der Engel, ein Tablett in der Hand, es glänzte im Kerzenschein wie Silber. Gary hörte auf, lautlos zu summen und griff in die Innentasche seines Jacketts. Er fischte ein Lederetui heraus. Mit der Erhabenheit eines britischen Lords förderte er ein Besteck zu Tage, fein geschmiedet wie am Hof der Königin.

Ich weiß nicht mehr, wann wir nach Hause gingen. Ich

saß im Taxi, der Fahrer legte eine Kassette ein, und in der Stille von London wummerten die Bässe des Reggae.

Mittlerweile sind nicht nur die Sperrzeiten in den Pubs von London aufgehoben. Jeder FDP-Provinzler reißt heute ungehindert in der Frühschicht der Stadt die Klappe auf. Die Eingeweihten von einst aber, die Artisten der Abgründe, die sich per Klopfzeichen durch die Nächte kämpften, sind ausgestorben. Es ist verdammt einsam geworden auf den Türsteherpartys der Stadt, auch in Garys Sad Pub im Osten, wo die Bullen nichts wussten von der Sünde des schwarzen Engels.

Die Taube

Ich stand vor der Brücke am Fluss, das Wasser funkelte in der Oktobersonne, ich schaute hinüber auf die Häuser der Stadt. Die Häuser waren so hoch, dass kein Mensch darüber hinwegsehen könnte. Das ist gut, dachte ich, über diese Häuser kommt keiner, diese Häuser stehen mit Stolz und Würde wie Miss Liberty.

Und Stuttgart ist für mich erledigt.

So war das, als ich in Ferien war, als ich auf der Brücke stand, bis ich das Abendfrösteln spürte. Die Wärme eines sonnigen Tages kann einen Mann umarmen, habe ich gelesen, aber eine Abendbrise vom Fluss herauf kann ihm Hose und Hemd ausziehen.

Ich weiß bis heute nicht, ob ich wieder nach Hause wollte. Ich ging durch die Straßen und Parks der fremden Stadt, die Menschen waren freundlich, und wenn ich auf der Straße stehen blieb, um mich umzuschauen, wollten sie wissen, ob mir etwas fehle. Nein, sagte ich, Stuttgart fehlt mir nicht. Es ist schön bei euch in Brooklyn, und auch die Häuser über dem Fluss, die können sich sehen lassen. Dann lachten die fremden Menschen und wünschten mir eine gute Zeit.

In der Stadt standen die Wahlen vor der Tür. Manchmal konnte ich auf dem Fluss ein Boot mit dem Konterfei des Kandidaten auf dem Segel sehen, es war das Gesicht von Mr. Obama, und ich sagte: Mr. Obama, diesmal wird Sie die Brise nicht umhauen, der Wind in dieser Stadt wird Ihnen den Rücken stärken. Change, change, und diesmal, Sir, geht es nicht um Wechselgeld. Mr. Obama lächelte weise, und hätte sein Kopf nicht an einem Segel geklebt, hätte er mir zugenickt.

Ich war mir sicher, dass er gewinnen würde, ich war

mir sicher seit dem Tag, an dem mir auf der anderen Seite des Flusses eine Taube auf die linke Schulter meiner schwarzen Jacke geschissen hatte. Einen guten Schiss erkennt man immer als guten Schiss, er spiegelt sich in den Gesichtern der Menschen wie die Oktobersonne im East River, und an diesem Tag in der Stadt war das Glück auf meiner Seite.

Am nächsten Souvenir-Stand kaufte ich mir einen italienischen Kashmir-Schal für fünf Dollar und eine Flasche Wasser ohne Gas. Damit putzte ich Gottes Botschaft so schnell weg, wie sie vom Hochhaus gefallen war. In dieser Stadt erledigen sich die Dinge schneller als anderswo, auch die Ferien, das dürfen Sie mir glauben.

Ich war wieder zu Hause und wusste nichts mit mir anzufangen. Diese Stadt hat keinen Anfang und kein Ende. Ein kleines Auto fuhr vor, ich stieg ein, und man sagte mir, man bringe mich in die Wälder zu den Hirschen. Ich musste laufen, das dient der Gesundheit, und ich machte mit, weil ich lange keine Hirsche mehr gegessen hatte. Wenn sie dir in Brooklyn einen Hirsch versprechen, sagte ich mir, dann reitest du auf einem Hirsch durch die ganze Stadt, und eine frisch gefütterte Friedenstaube nimmt kampfbereit deine Schulter ins Visier. Aber als wir zu den Gehegen kamen, es muss bei der berühmten Glemsquelle gewesen sein, waren die Gehege leer.

Unterwegs hatte ich einige Wildschweine hinter einem Zaun gesehen, sie lagen herum wie Hausschweine, und vermutlich warteten sie wie Hausschweine auf den Schnitzeltod.

So siehst du dem Leben ins Auge, wenn du von Brooklyn nach Botnang kommst und aus Verzweiflung zu den Hirschen und den Schweinen gehst.

Als ich den Wald der wilden Tiere hinter mir hatte, fuhr ich zum Neckar. Ich wollte schauen, ob ein Boot mit Siegergesicht auf dem Segel zu entdecken wäre. Ein Ausflugsschiff fuhr vorbei, es gehörte der Firma Neckar Käpt’n, und das Ausflugsboot hieß Liberty.

Ich knöpfte meine Jacke zu und spuckte gegen den Wind. Liberty, haben sie ihr Neckarschiff getauft. LIBERTY.

Neckar Käpt'n, rief ich, ich werde bald wieder meine Taube treffen, sie wird ihre Kacke wie damals ins Schwarze setzen, und diesmal, Mr. Obama, wird die Taube uns beide mit Glück zuscheißen. Der Haufen wird so groß sein wie meine ganze Stadt.

Dog und Doc

Das Deutsche Rote Kreuz, habe ich gelesen, bietet in Stuttgart neuerdings Erste-Hilfe-Kurse für Hundebesitzer an. Ich habe selbst zwar keinen Hund, begegne aber täglich in der Stadt vielen kranken Hunden. Oft, wenn ich auf dem Killesberg spazieren gehe, sehe ich Hunde, die dermaßen vor sich hinschäumen, dass ich nicht weiß: Frisst der mich jetzt, oder stirbt er gerade an Kaviarvergiftung? Er ist aber nur auf Drogen, will spielen – und weit und breit kein Rotes Kreuz.

Schwer fällt heute, da der Hund wie ich vorwiegend in der Stadt wohnt und deshalb auch das rätselhafte Benehmen des Stadtbewohners angenommen hat, die Früherkennung von Hundekrankheiten. Wedelte der Hund früher mit dem Schwanz, wollte er sagen: Herr, ich bin glücklich. Wedelt er heute mit dem Schwanz, heißt das: Herr, ich habe ein Prostataproblem.

Irritationen löst meist auch die private Diagnose aus: »Mein Hund hat seinen Knochen gebrochen.« In der Notaufnahme weiß man nicht, ob man ihm den Oberschenkel eingipsen oder den Magen auspumpen muss.

Hunde finden heute immer weniger Arbeit als Schäfer, bei der Polizei oder in den Lawinen. Sie sitzen auf dem Sofa, glotzen stundenlang Fußball und fressen eimerweise Popcorn. Depressiv werden sie im Wissen, dass Olli Kahn nicht mehr spielt.

Ich kenne einen sportlich vernachlässigten Metzgershund: Der braucht beim Gang mit seinem Herrchen um unseren Block schon beim ersten Versuch, das Bein zu heben, ein Sauerstoffzelt. Das hat VfB-Qualität.

Grundsätzlich, das sage ich im Namen unserer Verfassung, hat jede deutsche Dogge nach dem Sex das Recht auf einen Defibrillator. Wie nahe der Hund von Natur aus unserem menschlichen Gesundheitswesen steht, hat man in der englischsprachigen Welt erkannt: Dort nennt man seinen Hund Dog und seinen Arzt Doc. Nur im asiatischen Raum endet der Überlebenskampf des Hundes gern mal im Wok. In diesem Fall Schnauze halten, Dackelblick aufsetzen, weiteressen.

Der Notarztwagen für den Hund eröffnet auch der Unterhaltung neue Chancen. Mancher wedelt freudig mit dem Schwanz beim Gedanken an seinen neuen Job: Sascha Hehn wird Chefarzt der Schwarzwaldi-Klinik. Johannes B. Kerner castet die Pudel, Peter Hahne die deutschen Schäferhunde, Dieter Bohlen die Möpse.

Bevor ich aufgrund nicht artgerechter Haltung selbst vor die Hunde gehe, muss ich noch was sagen. Mir missfällt die Einstellung des DRK, im Notfall nur Hunde zu reanimieren. Ich fordere hiermit den allzeit bereiten Rettungshubschrauber für meinen leberkranken Goldfisch Hippokrates.

Black Jack

Oft fahre ich mit der Stadtbahn vom schönen Stuttgarter Kopf- und Sackbahnhof Richtung Norden, vorbei am Bürgerhospital, unserer weithin bekannten Psychiatrie. Unterwegs, am Rand der Brache hinterm Hauptbahnhof, hing lange dieses Immobilien-Transparent an einer Hausfassade: »Stuttgart kommt! Sie auch?«

Marketingleute fischen die Reste der deutschen Sprache aus dem Schnellkochtopf des Labersacks:

Ich kommt. Du kommt. Wir kommt. Sicomatic.

Da kommt einem der Ministerpräsident in den Sinn. Bei seinen Reden tritt er von einem Fettnapf in den andern. Seine Reden sind Schlachten gegen die deutsche Sprache, er führt sie als Nasallaut-Terrorist mit erbarmungslosem Kalashnikov-Schwäbisch.

Einen Politikerkollegen kürte er mal öffentlich zum »baden-württembergischen Meister im Seitensprung«, einen anderen zum »Frauenarzt«. Einmal erwarteten wir ihn als Star-Redner bei der Vernissage einer sogenannten Promi-Malerin im Stadtteil Vaihingen. Dann sagte er überraschend ab. Zwei Tage zuvor hatte das Böblinger Amtsgericht seine Künstlerherzdame wegen Hartz-IV-Betrugs zu einer Freiheitsstrafe von 22 Monaten auf Bewährung verurteilt.

Der Ministerpräsident hat immer Bewährung. Den Nazi und Marinerichter Filbinger hat er ungestraft als Widerstandskämpfer geehrt. Das wirkliche Problem aber ist, dass der Ministerpräsident von Baden-Württemberg Günther Oettinger heißt. Hieße er Berlusconi oder Don Corleone, wäre alles klar. Aber er heißt Günther Oettinger, und das gibt ihm zu denken. Das Problem des sogenannten Bahnprojekts Stuttgart 21, hat er deshalb eines

Tages herausgefunden, sei nicht, dass in diesem Bauloch Milliarden verschwinden und die Bürger gegen die unterirdischen Pläne protestieren. Das Problem sei, dass dieses Grab Stuttgart 21 heiße. »Stuttgart 21«, hat Oettinger gesagt, »ist zu kurz gedacht.«

Welcher Trottel, fragt man sich, hat einst so kurz gedacht, einen verschlafenen Talkessel unweit des Neckars Stuttgart zu nennen? Hätte man dieses Loch zwischen den Hügeln nicht Stuttgart getauft, hieße Stuttgart 21 heute vielleicht Ditzingen 0815, Böblingen, einer geht noch, oder 73525 Schwäbisch Gmünd – dorthin hat die CDU einst ihren späteren Stuttgarter Oberbürgermeister Schuster in die geistige Leere geschickt.

Oettingers Theorie vom kurzen Denken besitzt Logik: Hätte man den Vesuv nicht Vesuv getauft, wären die Menschen nicht beim Vesuv-Ausbruch umgekommen. Hätte ein Kurzsichtiger Sodom und Gomorrha nicht Sodom und Gomorrha getauft, hätte Gott gesagt: Ich schicke Feuer und Schwefel lieber über Ditzingen, dann wird es weder Oettinger noch Stuttgart 21 geben.

Der Begriff Stuttgart 21, für die Tieferlegung der Gleise und die Zerhackstückung des denkmalgeschützten Hauptbahnhofs erfunden, zieht nicht. Regional bekannter sind Hoffenheim 1899, Salem Nummer 6 und Creme 21. Und im Geschichtsbuch des Schienenverkehrs halten eher die Eisenbahner »Jim Knopf und die Wilde 13« Einzug als Günther H. Oettinger, die politische Entgleisung.

Womöglich steht die Zahl 21 einfach nur für den Durchschnitts-IQ Stuttgarter Politiker. Die Wissenschaft schreibt über die Zahl 21: »Einundzwanzig ist die kleinste Euler'sche Pseudoprimzahl und die sechste Dreieckszahl. Die Einundzwanzig kommt in der Fibonacci-Folge zwischen der Dreizehn und der Vierunddreißig vor.« Das begreift auch Oettinger nicht. »Ho, ho, Herr Frauenarzt, in diesem Jahr schon mein sechstes Dreiecksverhältnis!«, würde er beim einschlägig bekannten Italiener seiner Wahl sagen, »darauf einmal Fibonacci mit Rucola, und zwar a bissle subito.« Von Stuttgart mit der angehängten Pseudoprimzahl 21 ließ sich auch 15 Jahre nach Beginn der Stuttgart-21-Planung niemand überzeugen. Mit Hilfe einer Berliner Werbeagentur musste ein neuer Name für das drohende Grubenunglück her, und ich machte mir Gedanken.

Der Plan, ein Loch zu graben, entspricht seit jeher ökonomischer Weitsicht. Man führt die Leute unterirdisch ins Dunkel und bringt sie im Eiltempo aus der Stadt. Bauprojekte wie Stuttgart 21 sind ein Spaß, an der vornehmlich Mafiosi Freude haben. Da lacht Günther Oettinger unter seiner baustellentauglichen Schutzhaubenfrisur. Mir ging es schon früh darum, bei der Namensänderung des Bahnmonstrums das Wesen dieser Geldumwälzungsmaschine auf den Punkt zu bringen. Bis heute schwebt mir für das Projekt ein internationaler Name vor. Er lautet *Black Jack*. Black Jack ist das berühmteste Glücksspiel der Welt. Jeder Casino-Besucher kennt es. In Deutschland ist es auch als *Siebzehnundvier* ein Begriff. Da sich nach meiner bescheidenen Kenntnis der Mathematik 17 und 4 nicht dramatisch weit von 21 entfernen, schlage ich vor: Nennt das Milliardenloch *Stuttgart 17 & 4*. Das wäre weitsichtig, und ich sage Ihnen, warum: Auch Las Vegas war mal ein unbekanntes Wüstenkaff. Vor *Black Jack* hatten die nicht mal einen Sackbahnhof.

P. S.: 2008 tauchte aus dem Schnellkochtopf der PR-Labersäcke der neue Stuttgart-21-Slogan auf: »Das neue Herz Europas«.

Es klopft am Arsch der Welt.

Die Kastanienfrau

Da war diese Frau im September. Sie erzählte mir, wie sie jeden Spätsommer die erste Kastanie, die ihr vor die Füße fällt, in die Handtasche steckt und sie danach hütet wie ihren Augapfel. Unsinn, sagte ich, die Kastanie vertrocknet, sie wird im Winter runzelig wie ein Schrumpfkopf und sieht bald aus wie gefrorene Hundekacke. »Die Kastanie erinnert mich daran, dass es Sommer war und dass der Sommer wieder kommt«, sagte die Frau. »Wenn der Sommer wiederkommt, werfe ich die Kastanie weg.«

»Das ist eine seltsame Methode, einen Kalender zu führen«, sagte ich, und stellte mir vor, dass diese Frau eines Tages selbst aussehen würde wie eine verschnurzelte Marone, auch wenn sie jetzt jung war und ihre Augen an Kastanien erinnerten und an die Augen eines Rehs.

Rehe essen im Winter getrocknete Kastanien. Als ich früher Jäger werden wollte und unser Förster schon an Venenverstopfung litt, habe ich eimerweise Kastanien gesammelt, sie getrocknet und einen Tag vor dem Heiligen Abend in die Futterkrippen im Wald gekippt. Aber die Rehe haben die Kastanien nicht gefressen. Schon damals trauten die Rehe meinen Kastanien nicht. Nach Weihnachten lagen sie noch immer in der Krippe. Kastanien sind überschätzt.

»Man kann sein Leben nicht mit einer Kastanie einteilen«, sagte ich. »Doch«, sagte die Frau, »das Leben ist wie eine Kastanie. Der Sommer geht, der Sommer kommt.« »Und dazwischen ist ein Haufen Hundedreck«, sagte ich. Diese Bemerkung war nicht gut, das spürte ich. »Einer muss die Kastagnetten aus dem Feuer holen«, sagte ich rasch, um sie abzulenken. Sie holte ihre Kastanie aus der Handtasche, rieb sie zwischen Daumen und

Zeigefinger und sagte, sie habe nicht erwartet, von einem wie mir verstanden zu werden. »Du taugst nicht für die Kastaniengeschichte«, sagte sie und ging.

Der Sommer geht, der Sommer kommt, dachte ich. Ich verstehe nicht, warum eine Beziehung scheitert, bevor sie begonnen hat. Es liegen jetzt viele Kastanien auf den Gehwegen und auf den Plätzen herum, vor allem auf dem Karlsplatz. Kastanien sind eine Landplage, sie fallen einem auf den Kopf und sind eine Gefahr für gute Stiefel, und sie erinnern daran, dass der Sommer vorbei ist.

Und überall, wo eine Kastanie fällt, ist das Eichhorn nicht weit. Das Eichhorn geht mit seinem aufgeblasenen Machoschwanz in der Stadt spazieren, als gehöre ihm die Stadt. Das Eichhorn rennt nicht einmal mehr weg, wenn ein Auto kommt. Die Fahrer sind dumm genug und steigen in die Bremse, wenn sie einen Eichhornschwanz sehen. Ich habe das beobachtet auf der Hasenbergsteige. Würde ich für eine Autoversicherung arbeiten, müssten Eichhornjäger mit automatischen Gewehren ran. Ich würde den Biestern die Kastanien unter ihren Schwänzen wegballern. Eichhörner sind schlimmer als Ratten. Eichhörner werden verniedlicht. Ratten werden gehasst. Kein Autofahrer würde für eine Ratte sein Leben riskieren.

Die Herbstdepression setzt bei mir ein, wenn ich die ersten Kastanien sehe. Meine Herbstdepressionen sind schlimmer geworden, seit ich diese Frau getroffen habe, die ihre Kastanie in der Handtasche aufbewahrt, weil sie nicht vergessen will, dass es einen Sommer gibt. Warum steckt sie nicht das Oberteil ihres Bikinis in die Handtasche. Meinetwegen das Verdeck ihres Cabrios oder ein totes Eichhorn, das sie überfahren hat, damit sie weiß, dass es wieder einen Sommer gibt.

Zweitausend Kastanien lagen am Boden, als ich die Frau einige Tage später auf dem Karlsplatz wieder traf. »Guten Tag, meine Kastanie«, sagte ich. »Bald kommt der Winter, und deine Kastanie sieht aus wie Hundedreck.«

Sie beachtete mich nicht. »Für dich«, sagte ich, »würde ich ein Eichhorn töten.« Wortlos ging sie weiter, und mir fiel das Lied mit den Kastanien nicht ein. Ich hätte das verdammte Weihnachtslied für sie gesungen. *Chestnuts roasting on an open fire*, hätte ich gesungen. Und Nat King Cole hätte mir verziehen.

Heute weiß ich, dass es Unglück bringt, wenn ich einer Frau mit einer Kastanie in der Handtasche begegne. Aber ich bin alt genug, ich habe mich an den Herbst gewöhnt. Der Sommer ist nicht gut für die Eichhornjagd, und heute gehe ich nicht mehr ohne meine Kastanie in der Hosentasche aus dem Haus. Sie wird mich über den Winter bringen.

Kastanien, hat mir der Apotheker gesagt, helfen gegen Venenverstopfung. Und gegrillte Eichhörner, hat mir mein Metzger gesagt, schmecken vorzüglich. Das Fleisch ist zart und frei von Fett.

Seilbahn zum Friedhof

Es war der letzte Trick, der mir einfiel. Einem Kickers-Mann, glauben Sie mir, fällt schon lange nichts mehr ein. Ich kam am Samstag um eins aus dem Mineralbad Berg und fuhr nach Degerloch. Normalerweise nehme ich am Charlottenplatz die Linie 7, sie hält auf der Waldau; diese Haltestelle hat man zum Ruhme des nichtsnutzigen Sponsors auch Gazi-Stadion genannt.

Eine halbe Stunde vor Spielbeginn wartete ich am Charlottenplatz auf die Bahn. Diesmal, habe ich gesagt, nehme ich NICHT die Linie 7. Aberglaube kann Berge versetzen. Aberglaube überwindet Abgründe. Wer den Abgrund liebt, hat Nietzsche gesagt, braucht Flügel. Diesmal werden uns Flügel wachsen. Wir werden siegen.

Viele Jahre bin ich hinauf nach Degerloch gefahren. Zuerst mit der Zahnradbahn, dann mit der Linie 6, schließlich mit der neuen Luxuslinie 7. Dreißig Jahre bin ich nach Degerloch gefahren. Im Grunde, sage ich mir heute, war es wurscht, wie ich gefahren bin: Es ging immer bergab. Wir sind seit jeher in der falschen Spur.

Diesmal fuhr ich mit der Linie 15. Die Haltestelle Gazi-Stadion stinkt, habe ich gesagt. Ich nehme die Linie 15 zum Fernsehturm. Der Fernsehturm leuchtet. Die Linie 15 ist die Gewinnerlinie, habe ich gesagt. Wenn du mit der Linie 15 fährst, kannst du nicht verlieren.

Im B-Block wartete wie immer mein Kollege *George der Grieche*, im Hauptberuf Gerichtsreporter. Auch der Redaktions-Azubi Klinger war angereist, um einmal am Leben zu riechen, und nebenan, im C-Block, schlug wie bei jedem Spiel das blaue Herz des stadtbekannten Punkrock-Musikanten Tschelle. Ich konnte es spüren im Stadion.

Genau genommen gibt es kein Stadion auf der Waldau. Es gibt nur den verdammten Kickersplatz. Das war mal ein guter Fußballplatz. Dieser Platz war mein Naherholungspark für Leib und Seele. Bald muss ich zur Naherholung die Seilbahn zum Waldfriedhof nehmen. Die Toten auf den Hügeln haben ihre Würde bewahrt. Die Unterirdischen auf der Waldau ihre Ehre verspielt. Stehen herum wie Wachsfiguren. Die einen mit Visitenkarte, die anderen mit Rückennummer. Blamieren sich bis auf die Knochen, obwohl sie keine haben. Sonst würden sie die mal hinhalten.

Was bleibt zu sagen: Auch die 15 war eine Verliererlinie. Wir sind Scheißverlierer auf der ganzen Linie. Aber wir können die Dinge nicht ändern. Die Bahn bringt uns wieder hoch.

Goldfinger

Jeden Donnerstag kommt der Grillhähnchen-Express in den Westen der Stadt und parkt bis in den frühen Abend hinein vor der Shell-Tankstelle in meiner Nachbarschaft. Der Grillhähnchen-Express besteht aus einem vorne offenen Wohnwagen, aus etlichen mit nackten Hähnchen gespickten Grillspießen, die sich drehen, und einem Mann, der neben Hähnchen auch Krautsalat verkauft.

Ich kann Ihnen nicht sagen, wie der Mann heißt, obwohl wir uns seit langem duzen. Ich nenne ihn Bitte-ein-halbes-Hähnchen-mit-Krautsalat und er mich Was-kriegst-du?

Es vergeht kein Donnerstag, ohne dass ich meinen Freund besuche. Mir gefällt der Platz des mobilen Hähnchen-Ladens außerordentlich gut. Nirgendwo kann man bessere gegrillte Hähnchen kaufen als vor einer Tankstelle, in der es auch Schnaps gibt und die Bildzeitung und Zigaretten. Würde deshalb die Tankstelle mitten in unserem extrem dicht besiedelten Viertel eines Tages explodieren, etwa wegen des Bombenanschlags meines Nachbarn, der wieder mal seit 48 Stunden vergeblich einen Parkplatz gesucht hat, würde der ganze Stadtteil in die Luft fliegen.

Das stört mich nicht. Ich habe Herrn Bitte-ein-halbes-Hähnchen-mit-Krautsalat bei meinem jüngsten Besuch besorgt gefragt, ob ihm die Vogelgrippe zu schaffen mache, nicht ihm persönlich, sondern seinem Geschäft. Nein, hat er geantwortet, das Geschäft gehe gut. »Ja«, habe ich gesagt, »den Hühnern geht es wieder besser. Jetzt hat es die Schweine erwischt.«

Eigentlich wollte ich Ihnen die Geschichte von der Grillhähnchen-Tankstelle gar nicht erzählen, sie ist nicht sehr appetitlich – aber dann gab es außerordentliche Komplikationen. Als ich zu Hause war, mein Grillhähnchen auf einen Teller geladen und mit Cayenne-Pfeffer nachbearbeitet hatte, klingelte es an der Haustür. Es war schon dunkel.

Ich nahm den Hörer der Sprechanlage ab, es meldete sich eine unbekannte Stimme. Vor der Haustür stünde Herr – ich konnte es nicht genau verstehen – Herr Hennen oder Herr Hennel. Die Stimme wurde bestimmender: »Herr Hennel von der GEZ!!!«

Die Gebühreneinzugszentrale, ich hatte davon gehört.

»Was wollen Sie?«, sagte ich, »ich habe keinen Fernseher. Nach dem Halbfinale gegen die Itaker habe ich ihn aus dem Fenster geworfen.« »Aber Sie haben ein Radio«, sagte Herr Hennel. »Nein«, sagte ich, »ich habe kein Radio. Mit dem Radio hat meine Frau in der Badewanne Selbstmord begangen. Sie hat immer SWR 1 gehört.«

Im Übrigen, sagte ich, müsse ich gerade mein halbes Grillhähnchen essen und hätte keine Zeit für Gebühren.

Diese Auskunft genügte Herrn Hennel nicht: Es gäbe »Zusatzfragen«. Ich ließ mein Grillhähnchen liegen und stapfte in Pantoffeln die Treppe zum Hauseingang hinunter. Draußen stand ein Mann im Trenchcoat und hielt mir einen Ausweis vor die Nase. Die goldenen Lettern GEZ auf der Hundemarke waren so groß, dass man damit beim Karneval in Rio hätte Eindruck schinden können. »Wer wohnt außer Ihnen in Ihrer Wohnung?«, fragte Goldfinger. »Niemand, meine Frau haben Sie auf dem Gewissen«, sagte ich.

Die Anwesenheit meines heißen Grillhähnchens verschwieg ich.

»Was ist mit Kindern?«, fragte Goldfinger. »Keine«, sagte ich, »meine sechsjährige Tochter ist ausgezogen, als ich ihr verboten habe, ›Bauer sucht Frau‹ zu schauen.« Die Weiber können mir gestohlen bleiben, habe ich gebrüllt.

»Seit wie vielen Jahren arbeiten Sie als Selbstständiger?«, fragte Goldfinger. »Ich bin nicht selbstständig«, sagte ich, »meine Freunde nennen mich Angestelltenschwein.«

Die Spannung stieg, ich bereitete mich auf einen Kampf vor. Goldfinger spielte eine Karte nach der anderen aus, ohne einen einzigen Stich zu machen. Und ich spürte, dass er mir nicht glaubte.

Goldfinger zog seinen letzten Trumpf: »Was ist mit Ihrem Autoradio?«, fragte er. »Sie haben ein Autoradio.«

»Unsinn«, sagte ich, »ich habe keinen Führerschein.« »Getrunken?«, fragte Goldfinger. »Nein«, sagte ich, »ich habe einen GEZ-Mann fünfmal überfahren, dreimal vorwärts, zweimal rückwärts.«

Als Goldfinger zu rechnen begann, schlug ich die Tür hinter mir zu und ging zurück zu meinem Abendessen. Der Fernseher war noch warm, mein Grillhähnchen kälter als der Tod.

Die Farbe des Trinkgeldes

Schnelle Betrachtungen über die Kneipe

Leider weiß ich nicht, ob die Kanak-Sprak nach »Hast du U-Bahn – Nein, ich geh Aldi« auch die letzte Botschaft kennt: »Ich bin Kneipe.«

Vermutlich nicht. Ich weiß nicht einmal, ob die Kneipe heute noch Bedeutung hat oder Ansehen genießt. Genau genommen weiß ich auch nicht, was eine Kneipe ist. Man hat mich gebeten, etwas zur Kneipe zu sagen. In diesen Internet-Enzyklopädien kann man lesen, der Begriff Kneipe komme aus der Studentenkultur des 19. Jahrhunderts und definiere sich heute durch Zapfbier. Weniger erhellend wäre auch nicht, Peter Alexanders Hit zu singen: »Die kleine Kneipe in unserer Straße / da wo das Leben noch lebenswert ist / dort in der Kneipe in unserer Straße / da fragt dich keiner, was du hast oder bist.« Aber das bringt uns nicht weiter. In unserer Straße ist das Leben nicht lebenswert, und in der kleinen Kneipe in unserer Straße fragt dich nur deshalb keiner, was du hast oder bist, weil sie bankrott und geschlossen ist.

Ich schätze, der Begriff Kneipe hat ausgedient. Im Grunde war er sowieso immer eine Notlösung. Selbst in meiner Generation war es oft cooler, ins »Wirtshaus«, ins »Gasthaus« oder in einen »Laden« zu gehen als in die Kneipe. Die »Bar« wurde hierzulande lange nicht als Einrichtung der gastronomischen Königsklasse gewürdigt, sie war in den Köpfen nur als Rotlicht-Etablissement existent, und der dezente Hinweis, man gehe für one for my baby and one more for the road in eine BAR, galt als Angeberei.

In den späten Neunzigerjahren, als sich Bars, auch die mit den Cocktails, sogar in Stuttgart durchgesetzt hatten, verbot das Kulturamt einem Kneipenpächter, seinen Laden im Gustav-Siegle-Haus, im heutigen Bix Jazz Club, »Siegle-Bar« zu nennen. Den Begriff Bar, wähnte damals der selten undurstige Kulturamtsleiter, assoziiere man im Viertel mit den Rotlicht-Klitschen. Wie immer ging der Klemmer, seiner alten Heimat Reutlingen verhaftet, von sich selbst aus.

Sämtliche Begriffe für die Schänke taugen zur Kategorisierung einen Dreck. Der Sterne-Koch Vincent Klink nennt sein Restaurant Wielandshöhe, ein Haus in feinster Lage mit Blick auf die Stadt, immer »Wirtschaft«. Man könnte ihm Manieriertheit oder einen Hang zum Understatement unterstellen, das aber wäre falsch: Herr Klink sieht seinen Laden als erdverbundenes Haus, als Ort, an dem der Koch rackert und der Wirt schafft. Das ist ein Kalauer, er kommt aber der Wahrheit nahe.

Das Keipenleben änderte sich für mich dramatisch, als nach den Achtundsechzigern und den Hippies die sogenannten Alternativ-Läden, die Szene-Kneipen aufkamen. Das war das Ende der Kneipenkultur. Der Mensch hüte sich vor selbsternannten Szene-Kneipen. Auf einmal hielten alle »das Ambiente« für maßgebend, jetzt war es schick, den Schankraum mit alten Sofas und dicken Büchern, verratzten Emailschildern und ähnlichem Plunder zu dekorieren. Außerdem mussten Plakate mit der Kloschüssel von Frank Zappa und dem Konterfei von Che Guevara an der Toilettentür hängen. Darauf ist geschissen. Diese Kneipen waren meist das Letzte: dreckig, keiner konnte Bier zapfen, es galt als groovy und easy, die Gäste wie Abschaum zu behandeln. Der Gast ist König? Man spielte Basisdemokratie und Anarchie, und beide Tresen-Konzepte hatten immer mit Faulheit zu tun.

Schon in meiner frühen Kneipenära, Anfang der Siebziger, besuchte ich lieber eine Kaschemme als eine Studentenkneipe. Die Entscheidung für die Kaschemme, die

Sozialstation, hatte weniger mit Romantik und Hemingways in Wirtshausschlachten verkrüppelten Helden zu tun als mit der Tatsache, dass man in einem heruntergekommenen Saftladen, der nur Flaschenbier verkaufte, nicht aus dreckigen Gläsern trinken musste.

Kneipenschmuddel ist zum Kotzen.

Bis zum heutigen Tag ist Kneipe ein verwaschener Begriff – und das Ambiente völlig überschätzt. Es gibt bei uns genügend Gastro-Intelligenzler, die auf ihrem Betriebsausflug nach Paris in einem grün gestrichenen, gut besuchten Bistro landen; zu Hause haben sie anschließend nichts Besseres zu tun, als ihre eigene Tankstation grün zu streichen. Dass die Pariser Filiale nicht deshalb funktionierte, weil der grüne Star eingezogen war, sondern die beste Kellnerin den besten Wein des Quartiers servierte, bemerkten sie nicht. Sie dachten, Grün sei der Lack der In-Kneipen und die Farbe des Trinkgeldes.

Mir war die Ausstattung einer Kneipe zeit meines Lebens wurscht. Man kann sich in einer Bar auf der Theodor-Heuss-Straße wohler fühlen als in einem rustikalen Loch und umgekehrt. Heute hier, morgen dort. Es gibt Leute, die gehen in ein irisches Pub und fragen den Wirt, ob seine Kneipe dreißig oder fünfzig Jahre alt sei. In Wahrheit wurde der Saftladen vor sechs Wochen von einem Guinness-Zuliefererbetrieb eingerichtet und auf »alt«, »urig« und »rauchig« getrimmt.

Old Mac Donald had a Pub.

Das einzig Wichtige an einer Kneipe, das habe ich für reichlich Lehrgeld gelernt, ist der Wirt, meinetwegen auch die Wirtin. Ein guter Wirt ist fair und diskret. Ein guter Wirt macht seine Spelunke so sauber, dass sich der Gast an der Theke vertrauensvoll betrinken kann. Egal ob er auf Champagner, Racke rauchzart oder einen Gimlet steht. Ein guter Wirt ist nicht nachtragend, er spielt nicht dauernd laute Musik, und er empfängt seinen Gast auch dann noch als besten Freund des Hauses, wenn der am Abend zuvor den Schuppen fast in den Ruin geprügelt hätte. Und irgendwann ruft der gute Wirt den besten Taxifahrer oder gleich den Notarzt. Der Wirt hat Stil.

Es spielt also keine Rolle, ob zwei Veganer oder eine Million Trinker sagen: »Ich geh Kneipe.« Der Wirt muss sagen: »Die Kneipe geht auf mich.« Wenn der Wirt gut ist, gehe ich hin. Unwichtig, ob er eine Wirtschaft, eine Bar oder einen Puff betreibt.

Der Hochseilartist

Ich habe mich gefreut, als der berühmte Stuttgarter Artist Johan Traber eines Tages angekündigt hat, in einem Auto auf zwei Stahlseilen zur Spitze des Fernsehturms hinaufzufahren. Es hätte nach meinem Geschmack nicht unbedingt in einem Smart sein müssen. Eine Frage der Würde, aber ich schluckte die Kröte. Die Show stieg am Himmelfahrtstag, ich wünschte dem Kollegen Traber noch viele Jahre auf Erden und tauchte ab in die Vergangenheit.

Ich wollte selbst Hochseilartist werden. Eines Tages, als ich sechs Jahre alt war, kam eine Akrobatentruppe ins Dorf. In unserem katholischen Kaff gab es einen Marktplatz; das Wort Marktplatz war eine großspurige Bezeichnung für diesen Schandfleck. Wahrscheinlich wird mir morgen der Bürgermeister schreiben, heute sei alles besser, aber jetzt ist es zu spät.

Jedenfalls kamen Artisten ins Dorf, Motorradfahrer, die auf Hochseilen fuhren. Künstler dieser Branche galten damals als zwielichtig. Vor der Ankunft der Artisten empfahl man allen Christen, die Wäsche von den Seilen zu nehmen und wertvollen Schmuck und ledige Frauen wegzuschließen. Ich verstand das nicht. Ich war klein und hungrig, Hochseilartisten waren Boten aus der großen Welt, auch wenn ich nie zuvor welche gesehen hatte. Womöglich kamen sie aus Amerika wie die schwarzen Soldaten in der Kreisstadt.

Irgendwie schaffte ich es, aus dem Haus zu schleichen und die Vorstellung gegen das Verbot meiner protestantischen Eltern zu besuchen. Was die Artisten wirklich konnten, weiß ich heute nicht mehr genau. Ein paar verschwommene Bilder habe ich noch im Kopf. Es muss aufregend gewesen sein, als Männer und Frauen auf

Motorrädern das Dorf in der Luft überquerten, und damals war ich noch nicht so verkommen, mir einen Absturz zu wünschen.

Wie gesagt, viele exakte Bilder von diesem Ereignis habe ich nicht mehr vor Augen, ich kann mich an die lange Balancierstange erinnern, und es ärgert mich bis heute, dass ich nicht Artist geworden bin. Wenigstens parterre.

Nachdem ich die Luftshow gesehen hatte, ließ sie mich nicht mehr los. Ich musste einen Weg finden, auf einem Seil zu fahren. Ungerecht war, dass ich kein Motorrad besaß, auch wenn es seinerzeit ungewöhnlich war, wenn sechsjährige Jungs Motorräder besaßen. Ernesto Guevara, habe ich später erfahren, hat früh auf einem Motorrad gesessen. Er wurde Revolutionär.

Ich besaß einen Roller. Ein Roller war anders gebaut als heute ein City-Roller. Er hatte zwei mit Luft aufgepumpte Gummireifen. Er stand deshalb oft und einsam im Schuppen, weil ein Reifen Platten hatte und niemand Zeit, ihn zu reparieren. Ich schon gar nicht.

Am Morgen, nachdem ich die Motorrad-Akrobaten gesehen hatte, ging mir ein Licht auf. Ich ging in den Schuppen. Es muss ein Wink des Schicksals gewesen sein. Die Reifen des Rollers waren platt. Ich holte den Roller aus dem Schuppen und begann, die Reifen von den Felgen zu lösen. Das war eine Schweinearbeit. Man brauchte dazu einen großen Schraubenzieher, um ihn zwischen Felge, Schlauch und Mantel zu schieben. Dass bei dieser Methode die Reifen irreparabel kaputt gingen, war klar. Und Zweck der Übung.

Nach Stunden hatte ich die Reifen runter. Die Felgen lagen frei. Nun brauchte ich ein Seil. Ich klaute meiner Mutter eine Wäscheleine. Das Seil spannte ich zwischen den Pfosten eines Zauns und eines Eisentors auf dem Wäscheplatz neben dem benachbarten Güterbahnhof. Die Leine hing nicht ganz so hoch wie bei den Motorradakrobaten, ungefähr einen halben Meter über der Erde.

Als die Vorbereitungen erledigt waren, stellte ich den Roller mit den nackten Felgen auf das Seil. Jetzt musste ich nur noch auf den Roller kommen. Ich hielt ihn mit den Händen am Lenker fest und sprang aus dem Stand mit beiden Füßen auf das Trittbrett. Das war Akrobatik. Beinahe hätte ich an diesem Tag den Himmel gesehen. Doch dann spürte ich, wie der Traum von meiner Hochseilartistenlaufbahn zu Ende ging und das Leben begann. Ich hatte, und daran sollte ich später oft denken, die Balancierstange vergessen.

Als ich neben meinem Roller auf der Schnauze lag, roch ich das Gras unter der Wäschestange und beschloss, noch einmal von vorn anzufangen. Ich holte die Gummistiefel aus dem Schuppen und wurde Cowboy.

Tod einer Frau

Es war im Oktober 2007, in der Stadt war es schon am Morgen sehr heiß. Eine Weile ging ich am Fluss entlang, dann entschied ich, klimatisierte Räume aufzusuchen. Das Museum of Modern Art war nicht weit. Im Museum angekommen, entdeckte ich ein Plakat des Stuttgarter Künstlers Willi Baumeister. Er hatte es 1927 für die legendäre Werkbund-Ausstellung »Die Wohnung« am Weißenhof gestaltet, und ich fühlte mich gut, weil ich in der Stadt eine andere Stuttgarter Spur gefunden hatte als die von Porsche, Mercedes und *Pretzel.*

Als ich das Museum verließ, war es immer noch sehr heiß für einen Oktobertag in New York, und ich erinnerte mich, dass ich eine Notiz über das Projekt »This is War! Robert Capa at Work« gelesen hatte, die Ausstellung im International Center of Photography (ICP) in Midtown Manhattan mit Arbeiten des 1954 gefallenen Kriegsfotografen Robert Capa. Er ist mit dem Foto »Der fallende Milizionär« aus dem Spanischen Bürgerkrieg weltberühmt geworden (heute sind Experten der Meinung, das Bild sei gestellt).

Im Eingangsbereich des ICP hing eine Tafel mit der Überschrift »Gerda Taro«. Den Namen habe ich schon mal gehört, dachte ich, und als ich den Text überflog, bekam ich ein schlechtes Gewissen: Gerda Taro, die Lebens- und Arbeitspartnerin von Robert Capa, ist 1910 in Stuttgart geboren. Das hätte ich wissen müssen.

New York widmete der Fotografin, 70 Jahre nach ihrem Tod, ihre erste große Ausstellung, und ihre Bilder waren prominenter platziert als die parallel gezeigten Arbeiten ihres Lebensgefährten. Im Museum fand ich die 1994 in deutscher Sprache erschienene Biografie »Gerta

Taro – Fotoreporterin im Spanischen Bürgerkrieg« von Irme Schaber. Am nächsten Morgen ging ich wieder auf meine Bank am Hudson River und begann zu lesen. Auf den ersten Seiten erfuhr ich viel über Stuttgart, über ein Mädchen namens Gerta, Tochter der jüdischen Einwanderer Heinrich und Gisela Pohorylle.

Die Familie wohnte mitten in Stuttgart, in der Alexanderstraße 170 A. Vater Heinrich hielt sich als En-gros-Eierhändler über Wasser. 1917, zwei Jahre nach Einführung der Brotkarte im Ersten Weltkrieg, besuchte Gerta Pohorylle die Königin-Charlotte-Realschule in der Zellerstraße, Stuttgarts erste höhere Mädchenschule.

Gerta war klug. Kam sie zu spät, fälschte sie die Unterschrift ihrer Mutter und schrieb als Entschuldigung: »Meine Tochter leidet an Schwindel.« Gerta Pohorylle wurde eine mondäne junge Frau, bildhübsch und selbstbewusst. Mit Hilfe ihrer Tante besuchte sie ein Jahr lang ein Schweizer Internat und sprach bald fließend französisch. Sie spielte Tennis auf der Waldau und fuhr im Opel ihres Freundes Pieter Bote zu den Fußballspielen der Stuttgarter Kickers mit. Sie amüsierte sich bei den Vorstellungen im *Cabaret Excelsior* und ging sonntags, wenn die Kapelle aufspielte, zum Fünfuhr-Tanztee ins Kunstgebäude am Schlossplatz.

1929 zieht Gerta, obwohl sie sehr an Stuttgart und ihren Freunden hängt, mit ihren Eltern nach Leipzig. Die wirtschaftliche Lage in Stuttgart lässt ihnen keine Wahl. In Leipzig engagiert sich Gerta mit ihren Brüdern politisch bei der Linken. 1933 wird sie nach einer Flugblattaktion von den Nazis verhaftet.

Im Gefängnis spielt sie den SA-Männern die hübsche Naive vor, auch dank ihres polnischen Passes kommt sie nach ein paar Wochen frei. Kurz nach ihrer Entlassung geht sie ins Exil. In Paris lernt sie den ungarischen Fotografen André Friedmann kennen. Friedmann wird wenig später auf Gertas Rat hin unter dem Namen Robert Capa veröffentlichen. Sie selbst nennt sich Gerda Taro (Gerda mit d). Die Namen spielen vermutlich auf den amerikanischen Filmregisseur Frank Capra und die Schauspielerin Greta Garbo an.

Das Paar fährt nach Spanien und unterstützt mit sensationellen Fotos aus dem Spanischen Bürgerkrieg die Republikaner im Kampf gegen Francos Faschisten. Ihre Bilder werden in internationalen Magazinen veröffentlicht. Am 25. Juli 1937 fotografiert Gerda Taro in der Schlacht von Brunete in der Nähe von Madrid. Unermüdlich hält sie die Kamera aus dem Schützengraben, um Kampfszenen abzulichten. Als während eines Luftangriffs Panik ausbricht, verlässt sie die Deckung und springt auf das Trittbrett eines Sanitätsfahrzeugs. Ein russischer Panzer der republikanischen Armee, von einem spanischen Soldaten gesteuert, gerät ins Schlingern und erfasst den Rettungswagen. Gerda Taro wird zu Boden geschleudert, der Tank überrollt ihre Beine. Am nächsten Tag ist sie tot. Sie wurde 26 Jahre alt.

Dass die Fotografin während eines Luftangriffs von Hitlers Legion Condor tödlich verletzt wurde, war mit ein Grund, ihre Geschichte in der Bundesrepublik zu verschweigen und zu vergessen. Auch ihre Familie fällt den Nazis zum Opfer.

Ihr Lebenslauf scheint heute, da man Che Guevara als Popstar vermarktet, wie geschaffen für den posthumen Glanz einer revolutionären Frau, die sich nie einer Partei angeschlossen hat. Bei ihrer Beerdigung in Paris hielten die Dichter Louis Aragon und Pablo Neruda die Trauerreden. Gerda Taros Grabmal, das später von den Nazis zerstört wurde, hatte der Bildhauer Alberto Giacometti gestaltet. Zigtausend begleiteten den Trauerzug zum Père-Lachaise, die Fotografin wurde als Ikone des Widerstands gegen den europäischen Faschismus gefeiert. In ihrer Biografie findet man die Namen Hanns Eisler und Bertolt Brecht, Willy Brandt und Ernest Hemingway. Ausgerechnet Hemingway hat sie, wohl weil sie Capa nicht treu war, eine »Hure« genannt.

Da sie zunächst unter dem gemeinsamen Copyright Capa veröffentlichte, stand sie nach ihrem Tod im Schatten ihres Partners. Es war Gerda Taro, die das Markenzeichen Capa inszeniert und den fotografischen Stil des Partners geprägt hat. 2008 tauchte in Mexiko ein Koffer mit zahlreichen Negativen auf, die zweifelsfrei der Fotografin zugeordnet werden konnten. Im Sommer 2009 las man von der These, nicht Capa mit seiner Leica, Gerda Taro mit ihrer Rolleiflex habe den ›Fallenden Milizionär‹ aufgenommen. Beweisen lässt sich das heute nicht mehr.

Während Gerda Taro zu ihrem 70. Todestag mit der New Yorker Retrospektive als eigenständige Fotografin geehrt wurde, wusste man in ihrer Heimatstadt Stuttgart wenig über sie. Es gab keine Gedenktafel an ihrem Geburtshaus oder eine Straße (wie in Leipzig), die nach ihr benannt gewesen wäre.

Merkwürdig, diese Stuttgarter Spuren in New York, dachte ich, als ich am Fluss saß und sich die Dinge zusammenfügten: Gerda Taro hat oft und mit Begeisterung die Weißenhofsiedlung besucht und vermutlich Willi Baumeisters berühmtes Werkbund-Plakat gekannt. Und Irme Schaber, die Taro-Biografin, lebt und arbeitet wenige Kilometer von Stuttgart entfernt, in Schorndorf.

Ich verließ meine Bank am Fluss. Es war Zeit, die Spur aufzunehmen. In New York hatte ich viel über die Heimat erfahren. Wo sonst.

Nachtrag: Im Oktober 2008 hat die Stuttgarter Stadtverwaltung an der Hohenheimer Straße, unweit des Geburtshauses der Fotografin, den Gerda-Taro-Platz eingeweiht. Das Kunstmuseum Stuttgart verhandelte zu diesem Zeitpunkt bereits mit dem ICP über die New Yorker Tournee-Ausstellung; die Eröffnung in Stuttgart wurde für 29. Januar 2010 geplant. Der Autor bedankt sich bei Irme Schaber und Jürgen Schlensog für die Unterstützung.

Mickey Rourke boxt

Die Uhr lief rückwärts. Der Sekundenzeiger zuckte rhythmisch korrekt, aber er lief rückwärts. Die beiden anderen Zeiger folgten ihm widerstandslos, das ging zwei Wochen so, und mit der Zeit gewöhnten wir uns daran. Jeder Mann, der in die Sauna kam und sah, dass die Sauna-Uhr rückwärts lief, sagte das Gleiche: Gut, dass die Uhr verkehrt herum läuft. So werden wir jünger.

Im Mineralbad Berg wundert sich keiner, wenn sich die Zeiger der Uhr rückwärts drehen. Es gab Jahre, da haben sie sich überhaupt nicht gedreht, und das war auch nicht erwünscht im Bad Berg.

Am Tag, als ich die Uhr beobachtete, wie sie rückwärts lief, ging ich ins Kino. Mickey Rourke spielte in *The Wrestler* den abgewrackten Catcher Randy »The Ram« Robinson. Randy war vor zwanzig Jahren groß, er war ein Star der Achtziger.

Randy, sagte ich, du bist alt und hässlich, aber du musst weiter kämpfen. Im Ring läuft die Uhr nicht rückwärts. Das tut sie nur im Mineralbad Berg.

Ich hätte das nicht sagen müssen. Randy wusste Bescheid. In den Achtzigern hatte er Triumphe im Ring gefeiert. Damals war für ihn auch die Musik in Ordnung. Guns n' Roses, Crow, Scorpions. Der ganze Glam- und Heavy-Lärm. Verdammt, so 'ne Musik gibt es heute nicht mehr, die Achtziger, das waren die besten, sagt Randy: Bis diese Cobain-Schwuchtel kam und alles kaputt gemacht hat. Genau so sagt das Mickey Rourke, und wenn man seine Stimme im Original zu hören bekommt, begreift man, warum sich der Nirvana-Sänger Kurt Cobain 1994 mit einem Gewehr erschossen hat.

Die neunziger Jahre waren nicht Mickey Rourkes Jahre. Im November 1993 setzte ich mich in Stuttgart in den Zug nach Hamburg. In der Alsterdorfer Sporthalle boxte Mickey Rourke gegen Thomas McCoy. Das war Werberummel für den WM-Kampf des Deutschen Markus Bott gegen den Argentinier Nestor Hipolito Giovanni. Mickey Rourke brauchte dringend Geld. Die achtziger Jahre, seine Hollywood-Erfolge »9 1/2 Wochen«, »Angel Heart«, »Barfly« waren Geschichte.

Mickey Rourke sagte in Hamburg, er müsse boxen, um sich wie ein Mann zu fühlen, und ich glaubte ihm. Als er in den Ring stieg, lief »Eye Of The Tiger«, ein Song von Survivor aus dem Jahr 1984.

Die Halle war ausgeleuchtet wie eine Dorf-Disco, Mickey Rourke trug beim Einmarsch eine Skimütze, die Jungs von der Reeperbahn auf den guten Plätzen bevorzugten Piratentücher aus Leder. Diese Männer waren alle zweite Garnitur. Aber wäre Mickey Rourke in seinem Zustand auch nur gegen einen von ihnen angetreten, er hätte lange aus der Schnabeltasse trinken müssen.

In der dritten Runde schlug Mickey Rourke ein Loch in die Luft, und sein Gegner ging zu Boden, als hätte ihn ein Hamburger Frachter gerammt. Mickey Rourkes Lohn für diesen Knock-out-Betrug waren einhunderttausend Dollar, siebentausend Pfiffe und ein Bier über den Kopf. Die Stimmung erinnerte an die siebziger Jahre, als Catcher auf dem Cannstatter Wasen kämpften.

Ich erinnere mich an eine traurige Hamburger Nacht in den Neunzigern. Mickey Rourke war am Ende und die Meute von St. Pauli in Laune: Bei uns, sagten die Jungs, gehen die Huren anders. Da zählt deine Vergangenheit einen Dreck.

Auf der Rückfahrt fühlte ich mich schlecht. Es war eine Verliererreise. Im Zug saß meine Freundin neben mir. Sie sagte, sie werde nie verstehen, wie ich ihr diesen Ausflug habe antun können. Wenig später hat sie mich verlassen.

Wenn ich mich heute frage, warum ich 1993 den

Kampf besucht habe, fällt mir nichts ein. Jedenfalls war ich nicht dort, weil ich geahnt hatte, dass Mickey Rourke eines Tages als Randy »The Ram« Robinson zurückkommen und alles wieder gut machen könnte. Womöglich hatte ich geglaubt, die Uhr könne rückwärts laufen, wenn man am richtigen Tag im richtigen Zug sitze. Heute bin ich klüger. Die neunziger Jahre haben nichts getaugt und die achtziger noch weniger. Aber heute ist es auch nicht besser.

Neckar live

Der 15 PS starke Diesel tuckert wie ein altes Motorrad. Es ist Freitag, 14 Uhr. Vor einer starken Stunde haben wir in Hofen mit einem norwegischen Fischkutter auf dem Neckar abgelegt, das Boot ist sieben Meter lang, vierzig Jahre alt und heißt Himphamp (die norddeutsche Variante für Quatsch).

Der Himmel klart auf, und das ist gut. »Eine Mütze voll Regen verursacht im Neckar Hochwasser«, hat Mark Twain geschrieben, »und ein Zuber voll Wasser führt eine Überschwemmung herbei«.

Ich habe meinen Laptop Fink jr. auf dem Schoß, flusstauglich ist er nicht. Es ist 14.30 Uhr, und in unserer ersten Schleuse in Cannstatt werden wir kräftig durchgeschüttelt. Am Bug stehen David, der Kapitän, und Johannes, der Hilfsmatrose. Die Männer hantieren mit Seilen. Nach zehn Minuten sind wir durch. Steuerbord erhebt sich der Gaskessel, backbord taucht das Daimlerstadion auf. Der Neckar ist ein schmaler Fluss, so schmal, »dass man einen Hund hinüberwerfen kann, wenn man einen hat«, hat Mark Twain geschrieben.

Unterwegs, am Kraftwerk Münster, haben wir den amerikanischen Austauschschüler Justin, 17, Gast am Friedrich-Eugens-Gymnasium, an Bord genommen. Er kommt aus Pittsburgh/Pennsylvania, kennt Daniels Sohn Thaddäus und erzählt mir vom Conemaugh, dem Fluss, der in seiner Heimat in den Ohio mündet. Wahrscheinlich kann man einen Hund hinüberwerfen, sage ich, aber früher hat sich das kaum einer getraut. Am Conemaugh haben Indianer gelebt, das spüre ich. Wahr ist, dass ich den Neckar kaum besser kenne als den Ohio und den Ohio nie gesehen habe.

Es ist schön am Neckar, am Fluss, den seine Stadt vergessen hat. Ich habe die ganze Zeit die Weinberge hinaufgeschaut, die Weinberge sind jetzt grün, wie sie grüner nicht werden. Wenn ein Fremder auf einem Kutter von Hofen Richtung Cannstatt schippert, kann er sich nicht vorstellen, dass irgendwo hinter den grünen Hügeln eine Großstadt liegt. Womöglich ist das auch gar nicht wahr.

Es ist mittlerweile 15 Uhr, und wir steuern die zweite Schleuse an. Wir sind in Untertürkheim und können die Sängerhalle sehen. Ich weiß nicht, ob einer im Rhythmus unseres Viertakters ein Lied singen möchte. Daniel und seine Frau Caterina haben eine Flasche Prosecco geöffnet, Johannes zeigt uns Flachmänner mit brandneuem »Stuttgarter Hafenwasser«, und Mark Twain, habe ich gelesen, war der Wein vom Neckar zu sauer. Mag daran liegen, dass er seine Studien auf die Gegend um Heidelberg beschränkt hat.

Am Freitag ist es ruhig auf dem Neckar. Wir haben noch kein Schiff gesehen. Am Ufer rüsten sie hektisch für das Max-Eyth-See-Fest und das Fischerfest. Der Fang in den heimischen Gewässern kann zuletzt nicht besonders gut gewesen sein. Beim Fischerfest werden geräucherte Forellen und Würste vom Grill serviert.

Wenn ich noch einmal auf die Welt komme, spare ich das Geld, das ich in meinem Leben versenkt habe, und kaufe mir einen Fischkutter und einen Hund. Den Hund werfe ich über den Neckar, und mit dem Kutter hole ich ihn wieder ab.

Es ist 15.30 Uhr, ich mache Schluss mit der Schreiberei. Ich will noch etwas sehen vom Neckar. Man sieht ihn nicht alle Tage in dieser Stadt.

Taxi nach Texas

In einigen Remstal-Käffern grub man im Sommer 2009 nach angeblichen »schwäbischen Wurzeln« des US-Präsidenten Barack Obama. Ich bin an der Rems geboren und weiß, dass es an der Rems selten etwas Besseres zu tun gibt, als Opas Knochen auszugraben.

Widmen wir uns anderen amerikanischen Geschichten. Neulich lieferte ich mir wieder eine SMS-Schlacht mit dem Stuttgarter Komiker Rolf Miller, diesmal um die Frage, ob Manchester United zu Recht gegen den FC Barcelona das Champions-League-Finale verloren habe. Miller ist ManU-Fan, wohl deshalb prügelte er mich aus heiterem Himmel mit dem Satz: »Dieser Obama ist gar nicht richtig weiß.«

Fragen Sie mich nicht, was Präsident und Pokalfinale miteinander zu tun haben. Die Welt ist krisenkrank. Deshalb fahndet man in Beutelsbach im Remstal nach Obama-Genen, und der Präsident wird beleidigt, weil ich Herrn Miller gesagt habe, seine monarchistisch verbohrten Engländer könnten mich mal kreuzweise. Ich stünde seit jeher in der Ecke des freiheitlichen Amerika.

Amerika begegnet mir dauernd. Nicht lange her, da stellte ich einen Text über die große Vergangenheit des *Radio-Barth* am Rotebühlplatz auf meine Homepage. Anderntags erhielt ich eine Mail von Herrn Jürgen Pagel aus Phoenix, Arizona, USA. Ich hatte nie zuvor von ihm gehört. Vor zwanzig Jahren, schrieb er, sei er von Stuttgart in die Vereinigten Staaten ausgewandert. Oft denke er voller Wehmut an Radio-Barth: »Ich kann mich genau an die Zeit erinnern, als man dort hockte und über Musik sprach und seine klobigen Kopfhörer über die Ohren presste und danach, wenn man genug hatte, über den Rotebühlplatz flitzte zur Holzkiste.«

Die *Holzkiste* war eine Kneipe und der Radio-Barth in den Siebzigern und frühen Achtzigern Stuttgarts kulturelles Zentrum für Lebemänner, Musikfreaks und Fußballprofis. Das Haus stand dort, wo heute die Architektur eines Geschäftsgebäudes der Marke Häussler Passanten erschreckt. »Nie«, schrieb Herr Pagel aus Phoenix, Arizona, »werde ich die Zeiten bei Radio-Barth vergessen: Ich drückte mir die Nase platt an den neuen Dual-Geräten. Ein Tausender für ein Radio, Wahnsinn. Aber ich blieb der Marke treu, Made in Germany, das war noch was.«

In selben Jahr, nach der Kundgebung zum 1. Mai, erwähnte ich in einer Kolumne eine Frau, die bei der Demonstration auf dem Karlsplatz ein Zitat des US-Offiziers Davy Crockett (1786-1836) auf ihrem T-Shirt trug: »You may all go to hell. I will go to Texas.« Der Spruch erinnert an Crocketts Kampf in der texanischen Revolution gegen Mexiko. Ich bestellte sofort ein Taxi.

Wenig später berichtete ich in einer Kolumne während der »American Days« in Stuttgart von dem deutschen Auswanderer John O. Meusebach, einem Demokraten, der 1845 seinen Adelstitel ablegte und in Texas die Stadt Fredericksburg gründete. Herr Meusebach, so steht es in den Geschichtsbüchern, hat mit den Komantschen 1847 den einzigen Friedensvertrag zwischen Indianern und Weißen geschlossen, der nie gebrochen wurde. Noch heute wird dieses Ereignis in Texas gefeiert. Als der Text erschien, meldete sich Frau Ina Holländer aus Stuttgart: »Ich bin die mit dem Davy-Crockett-T-Shirt.« Frau Holländer kennt sich aus, sie hatte eine weitere Geschichte aus Texas parat. Nach Crockett und Meusebach, schrieb sie mir, fehle für eine Trilogie nur noch der große Jacob Brodbeck.

Herr Brodbeck wurde 1821 in Plattenhardt geboren, er besuchte das Lehrerseminar in Esslingen und wanderte

1846, auf Meusebachs Spuren, nach Fredericksburg, Texas, aus. Zunächst arbeitete er als Pädagoge und wurde später als Flugpionier bekannt. 1865 gelang ihm auf einem Feld bei Luckenbach in der Nähe von San Antonio, Texas, mit seinem »Airship« ein Flug über 30 Meter; sein Luftschiff wurde von Federwerken angetrieben. Über weitere seiner Experimente existieren Zeugenaussagen.

Nach seinem Tod hat man Jacob Brodbeck (»born and educated in Plattenhardt«) in Fredericksburg ein Denkmal gesetzt. Luckenbach ist heute ein Treffpunkt von Country-Fans, der Country-Star Waylon Jennings hat uns den Song »Luckenbach, Texas« hinterlassen.

Nach dem schwäbischen Höhlen-Obama, schätze ich, graben Leute, die in der Rems auch nach Raddampfern tauchen.

Winnetou

Es war diese Februarwoche 2009, als sich die Ereignisse, wie der Autofahrer sagt, überschlugen, und ich weiß nicht, wo ich anfangen soll. Erst war da die Sache mit dem Papst und den Pius-Brüdern in ihrem deutschen Hauptquartier in Stuttgart. Die härtesten Getreuen des Papstes, Herrschaften im mittleren Mittelalter, unterhalten in Feuerbach ihre vor 23 Jahren geweihte Barockkirche. In ihren Gottesdiensten sprechen sie Latein, so dass man wenig versteht, wenn sie gerade gegen die Schwulen, die Juden und andere Kinder Gottes hetzen. Im Fall der Juden fanden sie eine interessante Sprachregelung. Die klang dann so: Wir sagen ja zum Holocaust.

Obwohl ich Feuerbach gut kenne, bin ich nie in der Kirche der Pius-Brüder gewesen. Es könnte daran liegen, dass mich der liebe Gott mit keinerlei handwerklichem Talent gesegnet hat.

Die Kirche St. Maria Himmelfahrt steht an der Stuttgarter Straße 23, und falls Sie dort mal vorbeikommen sollten, finden Sie alles, was Sie brauchen, in der Nachbarschaft. Auf der gegenüberliegenden Straßenseite offeriert der Baumarkt Obi zurzeit recht günstig die Metabo-Handkreissäge, den Lux-Schlosserhammer und die Black & Decker-Oberfräse. Damit, verehrtes Publikum, lassen sich in Religionsfragen nicht nur Vorurteile abbauen.
Gott sei mit uns: Urbi et Obi.

Eine messianische Figur von Gottes Gnaden, um den weiteren Überschlägen der Ereignisse Rechnung zu tragen, ist Pierre Brice. Sie kennen ihn. Der Indianer Winnetou hat den Franzosen Pierre Brice in den Karl-May-Filmen verkörpert. Wer sagt, es sei umgekehrt gewesen, hat keine Ahnung.

Der Apache feierte im Februar 2009 mit großem Echo seinen 80. Geburtstag. Begonnen hat Winnetous Aufstieg zum roten Häuptling aller *Bravo*-Leserinnen einst im schönen Stuttgart.

Am 12. Dezember 1962 wurde im Lichtspieltheater Universum in der unteren Königstraße »Der Schatz im Silbersee« uraufgeführt. Das Universum war ein Premierenkino für tausend Besucher, es befand sich dort, wo heute der Kaufhof steht. Man darf sich eine Kinopremiere von damals nicht vorstellen wie heute eine x-beliebige Preview voller Popcornfresser. Die Welturaufführung des ersten Karl-May-Films ging in Stuttgart über dic Bühne, mit rotem Teppich und echten Stars.

Als der Taxifahrer Winnetou zum Kino fuhr, demolierten die weißen Schwestern das Auto. Das war die Sehnsucht nach der Silberbüchse. Ich selbst kann nicht mitreden als Zeitzeuge, ich war damals acht Jahre alt, wohnte auf dem Dorf und musste noch lange warten, bis der Film auch bei uns lief, sonntags im Kino der benachbarten Kleinstadt Heubach unterm Rosenstein. Im vergangenen Sommer war ich zum ersten Mal nach 35 Jahren wieder in Heubach. Als ich zufällig an dem Gebäude vorbeikam, in dem früher das Kino zweimal pro Woche den gleichen Film zeigte, habe ich es sofort wieder erkannt; ansonsten wusste ich in Heubach nur noch, wo es zum Fußballplatz geht.

Kein Mensch vergisst seine erste Begegnung mit Winnetou alias Pierre Brice an der Seite von Old Shatterhand alias Lex Barker. Wenn ich ehrlich bin, war ich damals in Verkennung der internationalen Schauspielkunst eher dem weißen Westmann als seinem roten Bruder zugeneigt. Lex Barker war Amerikaner und ein Mann, Pierre Brice Franzose und ein Schlagersänger. Für göttlich hielt ich beide, und sie unterscheiden sich bis heute generell vom Papst: Winnetou & Shatterhand sind unfehlbar.

Als ich im Archiv nach Informationen über das weltstädtische Stuttgarter Kino Universum suchte, entdeckte ich eine kleine Geschichte mit Erinnerungen von Martin Hohnecker in der *Stuttgarter Zeitung*. Im Universum fanden in den fünfziger und sechziger Jahren, als in den Rotlichtbaracken der Altstadt gute Rock'n'Roll-Bands spielten, nach den Filmvorführungen Jazzkonzerte statt, sie begannen um 23 Uhr.

Im November 1956 gastierte eine amerikanische Musikertruppe unter dem Motto »Birdland« in der Königstraße. Die Mitglieder waren damals noch nicht so berühmt. Als Erster trat der Saxophonist Lester Young auf, danach der Bibop-Pianist Bud Powell – und am Ende ein dreißigjähriger Trompeter namens Miles Davis. Dieser Mann, bald einer der größten Jazzstars aller Zeiten, ignorierte sein Publikum. Er zeigte ihm auf der Bühne den Rücken. Konfrontiert mit seiner Hinteransicht, fühlten sich einige Fans und Kritiker verarscht. Doch schon seinerzeit war das Miles-Davis-Ritual weder etwas Besonderes oder gar Neues im Showgeschäft: Bis heute zelebrieren diese Nummer auch die Priester der Pius-Brüder in ihren Messen. Gott sei Dank. So sieht man sie nicht von vorn.

Zwei Millimeter

Ich saß auf meinem Krankenhausbett und hörte meinem Zimmernachbarn beim Telefonieren zu. Er sprach sehr laut in einem Dialekt, den auch ich, obwohl verschiedener Steinbruchdialekte mächtig, nicht immer verstehen konnte.

Er telefonierte mit seiner Frau und erzählte, was er heute gegessen und wie er es verdaut habe. Seine Frau, das konnte ich hören, fragte ihn, ob es ihm besser geschmeckt und ob er besser verdaut habe als bei ihr zu Hause. Nein, nein, sagte er.

Ich wusste, dass er log. Erst am Mittag hatte er mir gesagt, dass ihm das Krankenhaus mit einem großen Apfelstrudel als Hauptspeise die größte Freude seines Lebens bereitet habe.

Ich hasste in diesen Tagen Gespräche über Essen. Man hatte mich an einen Schlauch gehängt und auf Nulldiät gesetzt. Das ging sieben Tage so. Der Mann referierte nach dem Frühstück, nach dem Mittagessen, nach dem Abendbrot am Telefon über die Kunst der Krankenhausköche und sein Problem, die Produkte der Köche zu verdauen.

Mir lief das Wasser im Mund zusammen. Zwar steckte ich mir jedes Mal, wenn mein Zimmernachbar telefonierte, sofort Stöpsel in die Ohren und hörte Bob Dylan. Gegen das Organ meines Zimmernachbarn aber hatte Bobby Dylan keine Chance. Wenn mein Zimmernachbar 45 Minuten über das Essen und seinen Stuhlgang gesprochen und nebenbei bemerkt hatte, dass er seiner Lieblingsschwester fünf Euro Trinkgeld zu geben gedenke, beendete er das Telefonat mit dem Satz: »I muaß jetzt gruabe.«

Was er damit meinte, erschloss sich mir zuerst nicht. Erst im Lauf der Zeit kam ich dahinter. Kaum hatte er die Drohung »I muaß jetzt gruabe« ausgestoßen, begann er laut zu schnarchen. Der Begriff »gruabe« schien mir von dem Wort Grube abgeleitet. Gruaba hieß pennen, und wenn mein Zimmernachbar eine Weile gruabte, schob ich, unterstützt von seiner Lieblingsschwester, mein Krankenbett samt Infusionsständer hinaus auf den Flur. Dort schnarchte niemand, und das Klappern der Birkenstockschuhe an den flinken Füßen der Lieblingsschwester störte mich nicht. Ich fühlte mich bei ihr geborgen.

Wenn mein Zimmernachbar nicht telefonierte, was selten vorkam, fragte ich ihn schamlos aus. Ich erfuhr, dass er bis zu seiner Rente der örtlichen Bauernbank seines Dorfes vorgestanden hatte. Er war so zum wichtigsten Mann hinter dem Bürgermeister aufgestiegen.

»Dann haben Sie ja eine Banklehre gemacht«, sagte ich, nicht ohne Neid. Ach was, sagte er, Landwirt habe er gelernt. Das Bankgeschäft habe ihm seit jeher im Blut gelegen. Nach dem Krieg habe er erfolgreich Handel getrieben, mit Kohlen, mit Getreide, mit Gemüse, mit allem. Er habe mit den Tschechen gehandelt, mit den Polen, mit der ganzen Welt. Und bis zum heutigen Tag habe seine Bank ihre Eigenständigkeit behalten. »Respekt«, sagte ich, »Sie haben es sich redlich verdient, heute in Frieden zu gruabe.«

Dann kam der Tag, an dem sich alles änderte. Die Telefonate übers Essen wurden seltener. Der ehemalige Chef der Bauernbank begann mich als Gesprächspartner zu akzeptieren. »Stellen Sie sich vor«, sagte er, »vor zwei Wochen kam abends um halb zehn ein Mann zu mir und hat sich auf mein Bett gesetzt. Ich wollte gerade gruabe. Der Mann hat eine Tasche bei sich gehabt, wie ein Handwerker, stellen Sie sich das vor. Er hat einen Zweimillimeterbohrer aus der Tasche geholt, hundertprozentig einen Zweimillimeterbohrer, ich kenne mich da aus.«

Der Fall begann mich zu interessieren.

»Der Mann hat mir ein Loch in der Kopf gebohrt«, sagte mein Zimmernachbar. »Wie«, sagte ich, »einfach so? Er hat Ihnen ein Loch mit zwei Millimetern Durchmesser in den Kopf gebohrt?«

»Ja«, sagte der Mann, »ich habe überhaupt nichts gespürt.«

Im Krankenhaus, das wusste ich, ereignen sich merkwürdige Dinge. Krankenhäuser sind längst außer Kontrolle. Aber noch nie hatte ich von einem Mann gehört, dem ein anderer Mann abends um halb zehn ein Loch in den Kopf gebohrt hatte.

»Er hat es gemacht«, sagte der Ex-Chef der Bauernbank, »er hat mir ein Loch in den Kopf gebohrt, damit das Wasser rauslaufen kann. So wahr ich hier sitze.« »Das verstehe ich nicht«, sagte ich, »hatten Sie einen Wasserkopf?« »Nein«, sagte mein Zimmernachbar, »jedes Mal wenn ich in meine Garage gegangen bin, bin ich mit meinem Kopf gegen die linke Wand geknallt. Immer gegen die linke Wand. Ich konnte das Gleichgewicht nicht mehr halten.«

»Und jetzt?«, fragte ich. »haben Sie Ihren Linksdrall kuriert?« »Ja«, sagte er. »Man hat durch das Loch das Wasser rauslaufen lassen, einen Haufen Wasser, und jetzt kann ich wieder gerade laufen.« »Und wer hat das Wasser rausgelassen?«, wollte ich wissen. »Ja, der Mann mit dem Zweimillimeterbohrer«, sagte mein Zimmernachbar, »das war ein Arzt. Der hat nicht ausgesehen wie ein Arzt.«

»Ja«, sagte ich, »das kann vorkommen. Sie sehen auch nicht aus wie ein Bankdirektor.« »Nein«, sagte er, und er lachte so laut, als würde er mit seiner Frau telefonieren. »Ja«, sagte er, »ich bin ein Bauer.«

»Das war ein Spezialarzt«, sagte ich, »es gibt nicht viele Ärzte, die mit einem Zweimillimeterbohrer ein Loch in einen Kopf bohren können.« »Ja«, sagte mein Zimmernachbar, »das war ein Spezialarzt, ich habe überhaupt nichts gespürt.«

In diesem Moment klingelte das Telefon. Ich griff nach Bob Dylan. Mein Zimmernachbar nahm den Hörer ab, verzichtete dann aber auf jede Bemerkung über den Krankenhauskoch und die Verdauung. Er brüllte so laut ins Telefon, wie ich ihn noch nie hatte brüllen hören. Er habe jetzt keine Zeit zum Telefonieren, jetzt nicht. Das käme überhaupt nicht in Frage, auf gar keinen Fall. Dann legte er krachend auf. Ich war mir sicher, dass er mit seiner Frau telefoniert hatte.

»Sehr vernünftig«, sagte ich. »Das war ein anstrengender Tag für Sie. Erholen Sie sich. Sie müssen jetzt gruaba.«

»Nein«, sagte er und griff sich an den Kopf, »jetzt muss i brunza.«

Mein Zimmernachbar wankte mit deutlichem Linksdrall Richtung Klo. Sekunden später glaubte ich das Kreischen eines Bohrers zu hören.

Ich rannte auf den Flur und schrie um Hilfe.

Meinen Zimmernachbarn habe ich nie mehr gesehen.

Börsencrash bei Hugo

»Heinz, gib mir eine Karte«, sagte ich. »Fünf Kilo«, sagte Carrera-Heinz. Ich schob ihm fünf Hunderter rüber. Auf dem Tisch lagen bereits mehrere Tausend Euro. Die beiden anderen Mitspieler kannte ich nicht, einer nannte sich Winfried. »Ich bin der liebe Winni«, sagte er, »ich gewinni immi.« »Das ist lustig«, sagte Heinz. Carrera-Heinz und ich, das wusste ich, würden den Idioten fertigmachen.

»Legt nicht so viele Scheine auf den Tisch, ihr Schnarchnasen«, sagte Karate-Hugo. »Hugo, du Penner, geh in deine Küche«, sagte Heinz. Hugo ging in die Küche. Ich glaube, Hugo hatte gar keine Küche.

Heinz prüfte sein Blatt und zündete sich eine Lucky an. »Der Ulmer Unternehmer Merckle hat eine Milliarde verloren«, sagte er. »Wahrscheinlich beim Mau-Mau«, erwiderte ich. »Nein, mit Aktien.« »Kann vorkommen«, sagte ich, »aber beim Spielen solltest du nicht so viel quatschen.« »Der Merckle gehört zu den fünf reichsten Deutschen«, sagte Heinz. »Dann hat er wohl nie mit uns gespielt«, sagte ich und verdoppelte.

Karate-Hugo, der Wirt, kam an den Tisch. »Merckle hat bei Oettinger Staatskohle beantragt«, sagte er. »Halt keinen Vortrag«, unterbrach ich, »ich muss Cash sehen.« Heinz legte zehn Scheine auf den Haufen. Winfried, genannt der Gewinner, schluckte. »Kann ich einen Scheck von meiner Frau ausstellen?«, fragte er. »Deinen Schütttelscheck kannst du den Isländern unterjubeln«, sagte Carrera-Heinz, »die lösen ihn bei der BW-Bank ein.«

Wir spielten konzentriert. Heinz fuhr regelmäßig den rechten Arm aus, um die Scheine einzustreichen. »Scheiße«, sagte ich laut, wenn Heinz die Scheine einstrich. Innerlich lachte ich, weil mir Heinz später auf dem Parkplatz die Hälfte geben würde. »Der Merckle hat sich ganz schön verzockt«, sagte Heinz. »Hat auf niedrige VW-Aktien gesetzt, und dann kam Porsche.« »Wendelin gewinnt immer«, sagte Winfried. »Halt die Schnauze«, sagte ich.

Niemand hörte auf mich. »Respekt«, sagte Heinz, »der Merckle ist vierundsiebzig und zockt immer noch.« »Na und«, sagte ich, »du bist einundachtzig und hast drei Damen am Start.«

Wir schwiegen. Winfried hatte Liquiditätsprobleme, das lag in der Luft. Der Schwachmat hatte wieder am Deo gespart. »Geh zum Oettinger, wenn du Probleme hast. Bei Oettinger gibt's Steuerkohle«, sagte Heinz. »Am besten, du fährst mit deinem Spießer-Opel vor.«

Man wird es mir nicht glauben, aber in diesem Moment hielt draußen vor dem Fenster ein schwarzer Opel Insignia. Zwei Männer in schwarzen Anzügen stiegen aus, sie sahen aus, als suchten sie Hugo. »Hugo, komm aus deiner verdammten Küche«, brüllte Heinz, »da kommen zwei Freier mit frischer Opel-Kohle.« Als die Tür aufging, taten wir so, als bemerkten wir die Männer nicht. »Diskretion ist alles im Geschäft«, sagte Heinz. »Dem Merckle hat keiner angesehen, dass er zockt.«

Auf unserem Tisch lag wieder ein schöner Haufen Kohle, ganz oben die Platin-Rolex von Winfrieds Frau. Karate-Hugo kam an den Tisch und verdeckte mit seinen Tattoos den Haufen. »Reg dich ab, Hugo«, sagte Heinz, »ist doch bloß Spielgeld.« »Genau«, sagte Winfried, »sage ich meiner Alten auch immer. Ist doch bloß Luftgeld.« Winfried saß inzwischen in Socken am Tisch. Seine Stiefel standen unter Heinz' Stuhl. »Die Treter sind von Tony Mora«, sagte Carrera-Heinz, »jeder Böblinger Türsteher löhnt dafür drei Kilo.«

Es knallte wie bei einem Erdbeben. Holz und Glas splitterten, die Tür krachte der Länge nach in den Raum.

»Jesus Maria, Börsencrash«, schrie Winfried. Vermummte Männer mit Kanonen stürmten Hugos Laden. Ich sah in den Lauf einer Maschinenpistole. »Sie sind festgenommen«, brüllte der Bulle, und ich hörte den Achter an meinem Handgelenk klicken. »Winfried, ruf den Oettinger an«, rief Heinz, als sie ihn abführten. »Du schuldest mir sieben Riesen.«

Dänemann

Eigentlich hatte ich mir geschworen, nach der WM 2006 das F-Wort nicht mehr zu strapazieren. Fußball war vorbei, dann aber sah ich Handlungsbedarf. In weiten Kreisen der Bevölkerung herrschten große Lücken, beim Versuch, den Begriff »Dänemann« zu interpretieren.

Dies wurde mir schon kurz nach dem WM-Finale zwischen Italien und Frankreich bewusst. Minuten nach dem Spiel meldete ich mich bei einer in Italien lebenden Kollegin per SMS mit der naiven Frage, was der italienische Spieler Materazzi zu seinem französischen Kollegen Zidane gesagt haben könnte, damit dieser ausrastete. Die Antwort kam prompt: So wie sie ihre Italiener seit Jahrzehnten kenne, simste die Kollegin, habe Materazzi Zidane mit der traditionellen Bemerkung konfrontiert: »Deine Mama ist eine Berber-Hure.«

Unter diesen Umständen, schrieb ich zurück, hätte Zidane seinen Dänemann wesentlich höher ansetzen müssen. Umgehend piepste mein Handy: »Dänemann, was zum Teufel ist das?«

Der Dänemann ist ganz sicher kein Begriff aus der »Fußballersprache«, wie ich verschiedenen Eintragungen im spärlich bestückten Internet entnehmen kann. Eine Reporterin der *Westdeutschen Zeitung* berichtete im November 2005 über einen Prozess vor dem Düsseldorfer Landgericht. Es ging um einen Spieler, der in der Kreisliga-D-Partie FC Gerresheim vs. TV Grafenberg seinen Gegner außer Gefecht gesetzt hatte. Und zwar so, dass der Grafenberger Spieler noch ein Jahr später »eine Schraube im Schädelknochen« trug. Der Staatsanwalt, heißt es in dem Bericht, habe von einem »Dänemann« gesprochen. Der Dänemann stehe »in der Fußballersprache für Kopfnuss«. Das ist Unsinn. Eine Kopfnuss wird in der Regel mit der Faust beziehungsweise mit den Knöcheln einer zur Faust geballten Hand am Kopf des Gegners ausgeführt; früher hatten diese unwürdige Technik vor allem verknöcherte Schullehrer parat. Ich weiß, wovon ich rede. Was hingegen ein Dänemann ist, kann Ihnen jeder Junge aus der Altstadt erklären, im Zweifelsfall auch ohne schmerzhaften Anschauungsunterricht. Der Dänemann gilt als Klassiker im Kampf verfeindeter Männer im Rotlichtmilieu, er wurde schon vor der Erfindung des Pitbulls praktiziert.

Beim Dänemann trifft die Stirn des Angreifers den Kopf des Gegners, oft so hart, dass der Attackierte schwer verletzt wird – der bereits erwähnte Grafenberger Fußballer erlitt einen Kiefer- und Jochbeinbruch. Meistens aber gibt man sich mit einem handelsüblichen Nasenbeinbruch zufrieden. Portugals großer Spieler Figo hat bei der WM 2006 gegen den Holländer van Bommel nur einen leichten Dänemann angesetzt – so leicht, dass man ihn auch als Verneigung deuten konnte. Van Bommel aber hob ab wie ein Trampolinspringer, und Figo sah die Gelbe Karte.

Völlig neu an Zidanes Dänemann war die technische Ausführung: Er stieß mit seinem gut geformten Schädel nicht etwa gegen Materazzis weiche Birne, sondern nach ein paar Metern Anlauf in der Art eines spanischen Kampfstieres gegen Materazzis Memmenbrust. Einen ähnlich harmlosen Dänemann hatte man zuvor nicht gesehen. Dem klassischen Milieu-Dänemann folgt nämlich auf dem Fuße der so genannte *Salamander*: Dabei handelt es sich um einen Tritt mit der Stiefelsohle oder dem Stiefelabsatz gegen das am Boden liegende Dänemann-Opfer. Davon war im Fall Zidane nichts zu sehen, die rote Karte deshalb unbegründet.

Weshalb der Dänemann Dänemann heißt, ist nicht geklärt. Man vermutet, dass er von einem Dänen erfunden wurde. Gott schütze ihn.

Der Mann, der mit dem Bären kämpfte

Vor mir steht, und in diesem Moment fällt mir nichts Stärkeres ein, ein Kerl wie ein Kleiderschrank. 1,91 Meter groß, 150 Kilo schwer, und er sieht mich an, als kenne er mehr Geschichten als tausend und eine aus der Nacht. Er ist weit öfter als tausendmal in den Ring gestiegen, er hat nächtens leicht bekleideten Damen in den ersten Reihen zugeblinzelt und gegnerische Fleischberge verprügelt, bis Blut geflossen ist. Nicht Ketchup. Echtes Blut.

Vor dieser Zeit, als Sportsmann mit Amateurstatus, hatte er die Konkurrenz noch nach den heiligen Regeln der höheren Kampfkunst geschultert. 1970 wurde er sensationell Ringer-Europameister im griechisch-römischen Stil. Sein Leben im Freistil beginnt, als er ins Showgeschäft wechselt. Er tritt als Catcher auf, wird im selben Metier Tournee-Veranstalter und macht seinen bürgerlichen Namen zum Programm: Wer Bock heißt, sagt er, braucht kein Pseudonym.

Roland Bock, 61, in Stuttgart-Feuerbach als Stiefsohn eines sozialdemokratischen Stadtrats groß geworden, hat mir viel zu erzählen. Er war lange Jahre weg, in Thailand, in China. Jetzt, im Sommer 2005, ist er zurück in Stuttgart, unschlüssig, wie es weitergehen wird. Er muss sich zuerst von den Spätfolgen der asiatischen Lungenkrankheit Sars kurieren.

Als wir uns treffen, ist schnell klar, dass es noch immer ein Fehler wäre, sich mit diesem Mann im dunklen Maßanzug anzulegen. Die Krankheit hat ihn äußerlich nicht geschwächt. Wie auch. Er hat einst im Ring mit einem Braunbären gerungen und im Schlachthof seine Muskeln an den Hörnern eines lebenden Stiers trainiert.

Mit seinem Bären kreuzt Bock 1976 im »Aktuellen Sportstudio« des ZDF auf, muss den geplanten Schaukampf aber kurzfristig abblasen. Kurz zuvor hat ein Catcher-Kollege seinem Gegner per Kopfstoß eine blutende Platzwunde zugefügt. »Wenn der Bär im Studio das Blut gerochen hätte«, sagt Bock, »wäre er verrückt geworden.« Bock hatte die Verantwortung. Er war nicht nur Rummel-Ringer, er war auch Manager.

Wir sitzen in der Kneipe beim Essen. Es sei ihm nicht schlecht gegangen all die Jahre in der Fremde, sagt Bock und rühmt die Liebenswürdigkeit der Asiaten, die Möglichkeit, dort sorglos zu leben. Sein Auskommen, sagt er, habe er mit Projektentwicklungen verdient. Geschäfte, du weißt schon. Er hat viele Geschäfte gemacht in seinem Leben, nicht immer erfolgreich.

1965 führt ihn das Stuttgarter Fachblatt *Sportbericht* als »die große deutsche Ringerhoffnung«, 1970 ist er Europas Größter im Superschwergewicht, 1972 Olympiakandidat für München. Im selben Jahr soll er in Kattowitz seinen Titel verteidigen.

Die ersten Schultersiege hat er bereits hinter sich, als er – geplagt von Fieber und Durchfall – auf sein Zimmer flüchtet. Vielleicht, denkt er, ist dem Arzt bei der üblichen Spritzenbehandlung ein Kunstfehler unterlaufen. Der Verbandspräsident aber will ihn zum Kämpfen zwingen – und Bock rastet aus. Er wird zwei Jahre gesperrt, verpasst Olympia und wechselt ins Lager der Professionals. Zwar hat der gelernte Bankkaufmann inzwischen ein Studium als Sport- und Werklehrer absolviert und sich als Ringrivale von Wilfried Dietrich, dem »Kran von Schifferstadt«, einen Namen gemacht. Aber im Catchermilieu, wo Rotlicht-Größen wie der ehemalige Boxer »Prinz von Homburg« alias Norbert Grupe und Show-Freaks wie der Koloss André the Giant den Affen machen, lockt das große Geld. In verrauchten Sporthallen und Zirkuszelten – wie auf dem Cannstatter Wasen – schleudert Bock als gefürchteter Jahrmarktgladiator Gegner und Ringrichter reihenweise aus dem Ring. Pro Abend kassiert er einen Tausender, im Jahr bestreitet er über 300 Kämpfe.

Bei unserem Gespräch fährt er die Arme aus, zeigt, wie er die Kohle angehäuft und haufenweise rausgeworfen hat. Ende der Siebziger besitzt er Kneipen und ein Hotel, als ihm der entscheidende Fehler unterläuft. Bock finanziert eine Europa-Tour mit dem japanischen Karate-Killer Inoki, der zuvor gegen Muhammad Ali angetreten ist. Als Inoki, geplagt vom Jetlag, in Deutschland eintrifft, ist er nicht mehr »gelb, brutal und unerbittlich«, wie es auf den Plakaten heißt. Er ist fertig. Die Tour endet als Fiasko. Bock, zuvor als Promoter barbusiger Boxerinnen und Protagonist der Kinokomödie »Hurricane Rosie« gut über die Runden gekommen, geht finanziell zu Boden. Juristischen Problemen folgt eine, sagen wir: schöpferische Pause.

Anfang der Achtziger meldet er sich ein letztes Mal in der Öffentlichkeit zurück: In Ludwigsburg plant er den Live-Club Rockfabrik. Der Laden, eine stilsicher angelegte Arena für Hard & Heavy, dem Soundtrack der Wrestler, existiert noch heute, und jeder Gast hat irgendwann die Geschichten vom ehemaligen Besitzer der Rockfabrik gehört. Man spricht von »der Legende«, und die lebt.

Roland Bock erzählt zum Abschied, wie er früher seine Gäste am Eingang der Rockfabrik Markstücke in die von ihm erfundenen Klamottenschließfächer werfen ließ. »Andere Wirte haben damals Garderobenpersonal bezahlt«, sagt er. »Ich dagegen habe kassiert.« Und dann schlägt er mir so diebisch grinsend auf die Schulter, als hätte er wenigstens dieses eine Mal das große Los gezogen, damals, im Kleiderschrankgeschäft.

PS: Roland Bock ging wieder nach Asien.

Besuch bei Nasty

Es geschah in der Bachwiesenstraße im Süden der Stadt, in Heslach. Der Name Bachwiesenstraße klingt gut, man kann sich nicht vorstellen, wie dort jemand im Hausflur heimlich einen Kinderwagen anzündet. Aber so war es, ein Kinderwagen brannte, er war leer.

Als ich davon hörte, überlegte ich, was ich davon zu halten habe und begriff schnell, dass ich kein funktionierendes soziales Umfeld habe. Normalerweise unterhalte ich mich über meine Probleme mit meinem Laptop Fink jr. Aber ich kann mich mit einem Laptop nicht über einen brennenden Kinderwagen unterhalten. Ein Laptop weiß nichts von brennenden Kinderwagen. Ich bin dabei, meinen Freundeskreis zur Behandlung besonderer Probleme zu erweitern. Aber das geht nicht so einfach.

Gut, ich kenne neben einem Psychiater eine Barfrau, sie hat ein Recht auf Anonymität, ich nenne sie Nasty, und ich besuchte sie umgehend. »Nasty«, sagte ich, noch ehe ich einen Drink bestellt hatte, »in jüngster Zeit brennen verdammt viele Kinderwagen. Wie kommt das?«

»Kinderwagen sind ein Ärgernis«, sagte Nasty, und ich wusste, dass sie oft im Leben einen Kinderwagen vor sich hergeschoben hatte. »Sie versperren anderen Menschen im Hausflur den Weg. Also zündet man sie an.«

»Das ist eine merkwürdige Geschichte«, sagte ich. »In Hausfluren versperren alte Fahrräder, marode Skistiefel und dreckige Fußballschuhe den Weg. Trotzdem habe ich noch nie ein Fahrrad, einen Skistiefel oder einen Fußballschuh brennen sehen.« »Kinderwagen brennen am besten«, sagte Nasty.

Mir fiel ein, dass ich schon öfter mit dem Gedanken gespielt hatte, ein Motorrad auf dem Gehweg vor meiner

Wohnung anzuzünden. Ich habe es nie getan, obwohl ich den Fahrer des Motorrads nicht für gefährlich halte. Das Motorrad steht so anmaßend auf dem Gehweg, dass es unmöglich wäre, mit einem Kinderwagen daran vorbeizufahren. Trotzdem gibt es Leute, die lieber Kinderwagen anzünden.

»Nasty«, sagte ich, »Fink junor ist ein Blödmann. Er versteht nichts von Kinderwagen. Sag mir, warum Menschen Kinderwagen anzünden.« Mir schien, als könnte Nasty ärgerlich werden. Ich hatte noch keinen einzigen Drink bestellt und belästigte sie mit brennenden Kinderwagen. Mir wurde klar, dass mein soziales Umfeld nicht funktionierte. Auch die Ehe mit Fink jr. neigte sich dem Ende zu, das ließ sich kaum noch verhindern. Aber warum kann ich mit Nasty nicht über brennende Kinderwagen reden? Warum begreift sie nicht, dass mich Kinderwagen interessieren, obwohl ich bisher nie vorhatte, einen anzuzünden, geschweige denn einen vor mir herzuschieben?

In Berlin haben sie dutzendweise Kinderwagen angezündet, dann fingen sie in der Bachwiesenstraße damit an. Eines Tages kommt einer daher und zündet im Hausflur meine Fußballschuhe an, weil ich keinen Kinderwagen habe. Meine Fußballschuhe würden niederbrennen bis auf die Alustollen, und das würde ich mir nicht gefallen lassen. Ich würde aus Rache das Motorrad auf dem Gehweg anzünden. »Auf diese Art«, sagte ich, »kann es nicht weitergehen.«

»Geh weiter«, sagte Nasty und schob den Zapfhahn zurück, noch ehe mein Bier die 0,3-Liter-Marke erreicht hatte.

Es ging mir an diesem Tag in Wahrheit nicht um brennende Kinderwagen. Ich dachte nur, man müsste mit jemandem reden können in einer Stadt, in der es eine Bachwiesenstraße gibt.

170 Schritte Pfarrstraße

Das ist die Straße. Das sind ihre Geschichten. Als ich gerade an diesem Text sitze, meldet die Polizei, im Toilettenhäuschen an der Pfarrstraße habe man in der Nacht zum Sonntag eine Prostituierte vergewaltigt. Das ist nicht meine Geschichte. Meine ging anders, meine Geschichte war nicht ohne Hoffnung.

Nur neunzig Sekunden, 170 Schritte ist die Pfarrstraße lang, vom Deniz Kebab bis zum Antiquitätenladen Cocotte. Unterwegs rauscht hinter den vielen Bäumen eine Corvette vorbei, ein verspäteter Express aus den Tagen, als im Viertel Rotlicht geleuchtet hat.

Lange her. 1978 ließ Renate Schieck zum letzten Mal ihre Bar im elterlichen Haus in der Pfarrstraße renovieren. Ihr Vater hatte hier viele Jahre ein Modelleisenbahngeschäft geführt. Herr Karl Schieck war der beste Märcklin-Tüftler der Stadt, die Alten im Viertel, die mal Kinder waren, schwärmen noch heute von ihm.

Ich gehe die Treppe hinauf, zur *Insel Bar*. Renate, ich darf doch Renate sagen, blättert an der Theke in einer Illustrierten. Samstagabend. Renate ist allein. Nirgendwo ein Gast.

Der Laden mit den kleinen Nischen und der groß gemusterten Tapete sieht aus wie damals, als nebenan das Pussycat geöffnet hatte und acht Damen Renates Gäste bedienten. Herren mit Benehmen, sagt sie. Anfang der Neunziger war alles vorbei.

Renate hält es heute nicht mehr aus in ihrer Wohnung. Jeden Abend geht sie runter in die Bar ohne Zukunft. Sie ist 63, blond und gut geschminkt für einen Gast mit Benehmen. Das Viertel ist total verkommen, sagt sie. Nur Abschaum auf der Straße. Die Schwulen, die Neger.

Die Pfarrstraße gehört zum Bohnenviertel, sie markiert die Grenze zum Leonhardsviertel in der Altstadt. Ewig Gestrige ohne Nase für den Schmuddel nennen sie »die neue Meile«. Hier trainieren Muskelmänner im City Fitness, unter ihnen ein ehemaliger Box-Weltmeister; einige Jahre hat er wegen des Überfalls auf einen Geldtransporter im Knast gesessen.

Im Lucky Punch, der Milieukneipe des ehemaligen Boxers Claus »Attila« Parge und seiner Frau, treten regelmäßig der Travestiekünstler Coco d'Or und der Elvis-Imitator Ray Martin auf. Die Wirtsleute arbeiten konsequent am frühzeitigen K.O. ihres Milieuladens.

Im benachbarten Kenya Pub treffen sich Menschen aller Schattierungen. Mittendrin Otto, 79, genannt »Papa«, ein ehemaliger Gärtner aus Böblingen. Eine lange Geschichte, wie sich Otto vor vielen Jahren in Kenia in die Farbe Schwarz verliebt hat. Tagsüber hilft er in der Kneipe, bis Betty, die Chefin, kommt.

Rüdiger Kösel, 36, Barmann im Bernstein, der »relativ schwul angehauchten Kneipe«, wie er sagt, erzählt mir von der Toleranz in der Straße, vom stressfreien Miteinander. Lustig sei es. Immer was zu gucken.

Am Straßenanfang, über der Grenze, steht der Brunnen mit der Nachtwächterskulptur, der Nachtwächter mit einer Hellebarde in der Hand, seinen Hund an der Kette. Der Brunnen ist Treffpunkt von Junkies und Alkoholiker. Früher sei es härter gewesen in der Straße, sagt Rüdiger. Nicht lange her, da hat ein Sondereinsatzkommando der Polizei über dem Vorgängerlokal des Bernstein eine illegale Spielhölle gestürmt. Heute befindet sich im Hinterhof ein muslimischer Gebetsraum. Man weist mich hier höflich ab.

Nebenan, im Studio *Tattooster*, arbeitet der Tätowierer und Piercer Jürgen, 39, Mitglied der Hells Angels. Er sei viel herumgekommen, sagt er, habe viel gesehen. Aber noch vor anderthalb Jahren in der Pfarrstraße habe er sich gefühlt wie auf einem Polizeiübungsplatz. Die Drogen, die Huren, die Freier. Und ständig die Bullen im Großeinsatz.

Mitten auf dem kleinen Kiez, oft bis spät abends, die vielen Kinder. Gegenüber der Bar der Spielplatz, der Bolzplatz, das Skater-Gelände, geschützt von der Hecke, in der es die Damen den Herren gegen Bares besorgen. Die Stadt plant im Viertel Verkehrsberuhigung, ein Wort, über das man im Milieu seit jeher lacht. Der Tattoo-Mann Jürgen fürchtet bereits um seinen Parkplatz, ihm gefällt es inzwischen im Viertel. Es gebe keine blöde Anmache, sagt er, man lebe gut zusammen, besuche und helfe sich gegenseitig. Wenn es ein Gasproblem gibt, geht man zum Installateur Emil Soller, wenn die Frisur nicht stimmt, zu Gonzalo & Paul.

Und wenn du wie ich 170 Schritte Pfarrstraße hinter dir hast, dann steht Renate immer noch einsam in der Bar, es ist heiß und schwül in der Straße, und womöglich ereignet sich auf dem Rückweg eine andere Geschichte als meine. Eine hässliche.

Das Raucherbein

An Dinge, die einen Tag vor Silvester passieren, kann ich mich gut erinnern, weil ich Silvester hasse. Einen Tag vor Silvester hatte ich nicht vor, mein rechtes Bein zu verlieren, als ich am Morgen nach einem einstündigen indischen Maharadja-Bad aus der Wanne stieg und mir mit einem Handtuch zuerst die Füße trocken trieb. Beim Reiben sah ich den dunklen Fleck auf dem großen Zeh meines rechten Fußes. Zunächst dachte ich, er ließe sich leicht entfernen, wahrscheinlich hatte eine neue schwarze Sportsocke so sehr abgefärbt, dass Wasser und Seife versagten. Ich rieb, ich rieb heftig, aber der dunkle Fleck blieb. Als ich ihn mir genauer ansah, war ich mir nicht sicher, ob es sich um einen blauen oder schwarzen Fleck handelte.

Ich sah den Fleck – er hatte sich fast über den ganzen Nagel ausgebreitet – zum ersten Mal, obwohl ich einen Tag vor Silvester nicht zum ersten Mal in diesem Jahr gebadet hatte. Ein blauer Fleck hätte vom Stollen eines feindlichen Fußballschuhs herrühren können oder von einem Kampf am Tresen. Ein schwarzer Fleck aber konnte nur eines bedeuten: Ich hatte ein Raucherbein.

Ich rief beim Hausarzt an und sagte, ich hätte einen blutunterlaufenen großen Zeh, der Zeh fühle sich an, als habe er über Weihnachten im Gefrierfach gelegen. »Damit darf man nicht spaßen«, sagte die Dame am Telefon. Sie räumte mir, schließlich kannte sie mich, einen Notfalltermin ein.

Um mein etatmäßiges Schuhwerk nicht zu beleidigen, zog ich an diesem Tag nicht die Stiefel mit den mexikanischen Ornamenten an, sondern wasserdichte Winterschnürschuhe, die ich mir einst für den Kuraufenthalt in einer Burn-out-Klinik am Tegernsee gekauft hatte, um die ausgebrannten Damen nicht mit Männerstiefeln zu erschrecken.

Als ich im Wartezimmer saß, spürte ich, dass durch den großen Zeh meines rechten Fußes kein Blut mehr floss. Der Zeh fühlte sich an, als hätte ich im Kühlraum meiner Stammkneipe fünf Nächte lange barfuß eine Reval nach der anderen geraucht.

Jetzt, da ich die Geschichte aufschreibe, fällt mir ein, dass mir fünfzig Meter vor dem Haus des Doktors auf dem Zebrastreifen einer belebten Straße der Schnürsenkel meines rechten Schuhs gerissen war.

Ich spielte mit dem Gedanken, den Doktor nicht aufzusuchen und mich mit dem verbliebenen Schnürsenkel aufzuhängen. Dann aber sah ich, obwohl es damals dem Mittelstand schon sehr schlecht ging, eine Schuhmacherwerkstatt. Der Schuhmacher trug Haare wie ein Hippie und verkaufte mir tadellose, teure schwarze Schnürsenkel. »Sie haben mir das Leben gerettet, ich hasse Sie«, sagte ich. »Guten Rutsch«, sagte der Schuhmacher.

Als ich vor den Augen des Arztes meine neuen Schnürsenkel öffnete und meinen rechten Fuß freilegte, schwitzte mein Fuß nicht. Er war abgestorben. »Ich habe ein Raucherbein«, sagte ich. Der Arzt befingerte meinen Unterschenkel, als suche er nach Einstichen in meinen Venen. Er schaute mich mitleidig an und sagte: »Sie haben einen Pilz.«

Ich verstand nicht und wurde wütend. »Ich habe keinen Fußpilz, Doktor«, sagte ich. »Da ich im Gegensatz zu Ihnen sehr häufig das örtliche Mineralbad besuche, kann ich einen Fußpilz sehr wohl von einem Raucherbein unterscheiden.« »Das ist kein Fußpilz«, sagte der Arzt, »das ist ein Nagelpilz.«

Mir wurde schlecht. Ich hatte noch nie von einem Nagelpilz gehört. »Aber der Zeh fühlt sich an wie ein Eiszapfen«, sagte ich. »Das hat damit nichts zu tun«, sagte der Arzt, »das kommt vom Rauchen.« Ich wusste, dass dem Arzt schon öfter Fehldiagnosen unterlaufen waren. Man munkelte in der Stadt, er habe eine heimische Unternehmergattin auf Keuchhusten behandelt, bis der Unternehmer behauptete, der Arzt wäre demnächst des Mordes an seiner Gattin angeklagt worden, hätte nicht er, der Unternehmer, gerade noch rechtzeitig den Liebhaber seiner Gattin aufgespürt. Der Liebhaber, stellte sich heraus, litt an Syphilis.

»Ich verlasse Ihre Praxis nicht mit einem Nagelpilz, ich bade jeden Morgen in indischem Maharadja. Ich habe ein Raucherbein und will, dass es amputiert wird«, sagte ich. »Das ist ein Nagelpilz. Die Behandlung dauert sechs bis sieben Monate«, sagte der Arzt.

Zurück auf der Straße, blickte ich auf meine Füße.

Die neuen Schnürsenkel würden mich nicht daran hindern, meinen letzten Gang zu gehen. Ich konnte nicht monatelang mit einem Nagelpilz herumlaufen, auch nicht im Winter, wenn es so gut wie keinen Grund gibt, öffentlich Schuhe und Socken auszuziehen.

Ich hatte ein Rezept erhalten und löste es bei der Apotheke in der Nachbarschaft des Arztes ein. Ich war mir sicher, dass der Arzt mit der Apothekerin gemeinsam Rezepte fälschte und dabei viel Kohle machte, auch wenn er einen Keuchhusten nicht von einer Syphilis unterscheiden konnte. Als die Apothekerin mein Rezept las, hielt ich mir die Hand vors Gesicht und hustete, als hätte ich Syphilis. »Sie müssen den Nagel zweimal in der Woche abfeilen und danach lackieren«, sagte die Apothekerin. Ich erhielt eine Kombipackung mit einer Flasche Nagellack und zweitausend Einwegfeilen. »Gutes neues Jahr«, sagte die Apothekerin. »Sie sind Apothekerin«, sagte ich. »Sie müssten wissen, dass es für mich kein neues Jahr mehr geben wird.«

Ich nahm mir vor, die Geschichte auf keinen Fall Anne zu erzählen. Ich war infiziert. Gezeichnet. Der Pilz würde mich zerstören, noch bevor er den Nagel aufgefressen hätte. Nur kurz spielte ich mit dem Gedanken, mein

Schicksal literarisch aufzuarbeiten. Es war zu spät. Von einem Nagelpilz konnte nur ein Mensch befallen werden, der von Anfang an nicht an sich geglaubt hatte. Der sich sein Leben lang nur deshalb den Abgründen genähert hatte, damit er seinen Unzulänglichkeiten Nacht für Nacht davonlaufen konnte. Der getrunken, gehurt und geraucht hatte. Der in üblen Bars herumgehangen, gespielt und wortlos die Beleidigungen der Zuhälter hingenommen hatte. Er sei das Schwarze unterm Fingernagel nicht wert, falls er nicht schleunigst alle Damen im Umkreis von fünf Metern mit Champagner versorge – wenn er schon keinen hoch kriege.

Wer von einem Nagelpilz befallen wird, begann ich zu begreifen, war schmutzig. Jedes Mal, wenn ich gedemütigt in die Hocke gehen müsste, um meinen großen Zeh zu feilen und zu lackieren, würden sich die Bilder meines verpfuschten Lebens in mein Bewusstsein brennen. Früher hatte ich auch masturbiert.

Als ich zwei Monate den Nagel meines großen Zehs gefeilt und lackiert hatte, ging der dunkle Fleck langsam zurück. Allerdings verlor ich auch erhebliche Teile meines Nagels.

Da ich immer noch nicht entschieden hatte, mich mit einem Schnürsenkel oder mit einer Schusswaffe umzubringen, suchte ich zum Nachdenken wieder die Badeanstalt auf.

In der Sauna war es gewohnheitsmäßig so dunkel, dass kaum jemand mit bloßen Auge einen beschädigten Zehennagel erkennen würde, zumal sich hier aus Altersgründen und der damit verbundenen Abnutzung routinemäßig mehrere beschädigte Zehennägel gleichzeitig einfanden. Ich erinnere mich, und ich lüge nicht, wie einmal ein Mann in langen dunklen Wollsocken in der Saunaabteilung eine halbe Stunde lang heiß duschte. Damals dachte ich mir nichts dabei. Hier duschten viele merkwürdige Menschen, manche vollführten unter lustvollem Stöhnen gefährliche Verrenkungen unter der Dusche, manche feuerten unter der Dusche mit wilden Schreien den Trainer des VfB Stuttgart, andere trugen unter der Dusche gelangweilt schwarze Wollsocken. Womöglich ist Duschen in Wollsocken gesund. Hätte ich geahnt, dass sich unter einer duschenden Wollsocke ein Nagelpilz verbergen kann, hätte ich den Wollsockenträger getötet. Mein Leben wäre anders verlaufen.

Es war ein Zufall, als ich in der siebten Woche meiner Feil- und Lackiertätigkeit unweit der Badeanstalt Anne begegnete. Wir handelten einen Termin aus. Zu spät fiel mir ein, dass die verbleibende Zeit bis zum ausgehandelten Termin nicht reichen würde, um einen geheilten Zehennagel vorzuführen. Da mir aber mein Leben nichts wert war, ließ ich es darauf ankommen. Ich müsste die Socke meines rechten Fußes nicht unbedingt ausziehen, sagte ich mir. Ich könnte behaupten, ich hätte als Kleinkünstler mit der Firma C & A einen Sponsorenvertrag über das Tragen von Socken abgeschlossen. Wichtigste Bedingung des Kontrakts sei, die Socken auf keinen Fall auszuziehen, wenn sich die Gelegenheit biete, die Socken jemand anderen als meiner Waschfrau vorzuführen. Ich bin überzeugt, dass es solche Verträge gibt, wenn nicht mit C & A, dann mit Adidas.

Als mich Anne besuchte und eine Weile damit beschäftigt war, die Produkte meiner anderen Sponsoren zu öffnen, begann ich zu schwitzen.

Es hätte mir nichts ausgemacht, mit heruntergelassenen Hosen dazustehen. Aber ich musste, egal was passierte, die Stiefel anbehalten, die ich wieder trug. Ich durfte es in keinem Fall zulassen, nur in Socken dazustehen. In Stiefeln mit Socken war kein Problem. Aber nicht in Socken ohne Stiefel.

»Zieh die lächerlichen Stiefel aus«, sagte Anne, »du bist zu alt für diese Nummer.« »Nein«, sagte ich, »ich kann meine Stiefel nicht ausziehen. Ich leide an einem menschlichen Makel.« »Du leidest nicht an einem menschlichen Makel«, sagte Anne, »du hast eine gottverdammte männliche Macke.« »Nein«, sagte ich, »du siehst das falsch. Ich kann meine Stiefel nicht ausziehen, ich muss sie anbehalten, nur dieses eine Mal.« »Zieh die blöden Stiefel aus«, sagte Anne, »deine Stiefel werden dich auch nicht mehr retten. Sieh dich doch an.«

Ich wusste, dass die Debatte meiner Manneskraft nicht dienlich war, und ich hatte diesmal nicht die Chance, das Problem mit Champagner zu lösen. Ich bot Anne eine bereits angezündete Zigarette an. »Anne«, sagte ich, »ich möchte diese zwei Stiefel noch ein einziges Mal anbehalten, ich muss diese zwei Stiefel ein letztes Mal in meinem Leben als Paar an meinen Füßen tragen.« Anne sagte nichts. Sie sah mich nur an. »Ich habe ein Raucherbein«, sagte ich, »morgen wird mein rechtes Bein amputiert.«

Anne sah mich an, wie sie mich noch nie angesehen hatte.

»Ich gehe«, sagte ich und ging Champagner holen.

Die Stahlplatte

Es war der 11. März 2009, als sich die Dinge vermischten und es fast unmöglich wurde, sich mit etwas anderem zu beschäftigen als mit der Realität. Am 11. März 2009 lief ein 17-jähriger Junge unweit der Stadt Amok und tötete mit der Waffe seines Vaters fünfzehn Menschen.

Es passiert mir oft, dass ich aus dem Kino komme und glaube, die Fortsetzung des Films spiele sich vor meinen Augen ab. Als ich am Tag, bevor der Junge Amok lief, aus dem Kino kam und in der Königstraße zur U-Bahn hinunterstieg, war mir, als redeten die Passanten Chinesisch, Vietnamesisch, Koreanisch. Jedenfalls in Sprachen, die ich für asiatisch hielt.

Vor der Filmvorführung hatte ich in einem Asia-Imbiss im Stuttgarter Norden zu Mittag gegessen, Curryhuhn mit Reis. Ich sah den Männern und Frauen im Lokal zu, wie konzentriert sie arbeiteten. Die beiden Männer trugen Tücher auf dem Kopf, wie wir sie von der Piratenmode kennen, und mir wäre es schwergefallen zu sagen, wer von beiden gerade den Boden wischte und welcher in den Wok-Pfannen hinterm Tresen hantierte. Sie arbeiteten so flink, als würden sie beides gleichzeitig tun. Asiaten, dachte ich, sehen alle gleich aus, und auf dem Tresen stand, bewacht von zwei weißen Tulpensträußen, eine goldene Buddha-Figur.

Ich saß im Asia-Imbiss Goi in Feuerbach, um wie ein kleiner Junge in dem Film mitzuspielen, den ich nach dem Essen sehen würde: »Gran Torino«. Es geht um Walt Kowalski, einen Veteranen aus dem Koreakrieg. Er lebt als letzter Amerikaner im Asiatenviertel eines Mittelwesten-Kaffs, er ist Witwer, und vor seinem Haus steht sein 72er Ford Gran Torino. 1972, überlegte ich, war ich achtzehn. Einen Gran Torino hatte ich nie gesehen, einmal saß ich als 18-Jähriger im blauen Chevrolet Corvette eines erfahrenen Mannes, daran erinnere ich mich heute noch mit Stolz.

»Gran Torino« ist ein lustiger und trauriger Film über Vorurteile und Fremdenhass. Walt Kowalski kann »Bambusfresser« nicht leiden. Es bedarf einer langwierigen Annäherung, bis er die »Sumpfratten« als »Frühlingsrollen« akzeptiert.

In einem Interview hat der Regisseur und Hauptdarsteller Clint Eastwood gesagt, in jedem von uns stecke ein Walt. Und wenn schon kein Korea-Veteran, denke ich, so doch ein Idiot, der nicht unterscheiden kann, ob der Mann im Asia-Imbiss gerade den Boden wischt oder in der Wok-Pfanne hantiert, weil sie alle gleich aussehen, wie Walt Kowalskis »gelbe Rüben«, wie er die Nachbarn nennt.

Da ist diese Gang im Viertel, sie ist bewaffnet, und wenn nicht einer kommt und eingreift, wird Walt Kowalskis 17-jähriger Nachbarjunge Thao so wenig eine Chance haben wie das Mädchen Sue. Walt überwindet seinen Hass, er hat noch etwas zu erledigen, und Clint Eastwood brilliert mit seinen Schlitzaugen, die er immer dann bekommt, wenn er ein Ziel visiert. »Ich bin einer, der die Dinge zu Ende bringt«, sagt Walt Kowalski, und das bedeutet nichts Gutes.

Ich weiß nicht, warum man so seltsam sein kann, sich in einem Asia-Imbiss bei der Betrachtung eines Tresen-Buddha auf einen guten Film einzustimmen. Als könnte man die Dinge vermischen, als wären Klein und Groß dasselbe. Der Showdown des Films begann, und ich hoffte, Clint Eastwood würde noch einmal die kugelsichere Stahlplatte unter seinem Poncho tragen, wie damals, als er mit der Kanone »Für eine Handvoll Dollar« kämpfte. »Walt«, sagte ich, »zieh dir auf jeden Fall den Poncho über.«

Hier endet meine kleine Geschichte. Ich musste lachen,

als ich daran dachte, wie Walt Kowalski sagt: »Man kann mir vieles nachsagen, aber nicht, dass ich witzig bin.« Am Tag danach lief dieser Junge Amok, und da war kein Walt Kowalski, der die Dinge rechtzeitig zu Ende bringt.

Wir haben's krachen lassen

Es ist sieben Uhr abends, die Tür zur Bar geschlossen und gesichert. Pitt hat im Innern eine Schrotflinte diagonal in den Türrahmen geklemmt. Unsinn, es handelt sich um einen Besenstiel. Im Treppenhaus steigen wie jeden Tag Typen zu den Damen hoch, und sie tun gut daran, Pitts Reich nicht zu betreten. »Freier dürfen bei mir nicht rein«, sagt er, »ich habe gutes Publikum.«

Stuttgarter Altstadt. Leonhardstraße. Wir sitzen in der Uhu-Bar, in der Eingangsebene des gleichnamigen Bordells. Pitt, der bürgerlich Peter Müller und im Milieu auch Oskar heißt, hat hier im Herbst 2006 hinter Butzenscheiben sein öffentliches Wohnzimmer eingerichtet. Biedermeiersofa, dunkler alter Holzschrank, an der Wand eine vergrößerte Illustration aus Boccaccios »Decamerone«.

Pitt ist 70 und hat Stil. Er trägt wie eh und je die getönte Pilotenbrille von Cartier und die Edelstahl-Uhr von Breitling. Unlängst musste er, feierlich gekleidet, zurück in seine alte Heimat Frankfurt am Main. Einer der Jungs, wie man die Freunde aus der Branche nennt, wurde beigesetzt. Der Bordellkönig Jürgen »Aki« Jacoby, als »der Indianer« bekannt, war mit 64 nach einem Herzinfarkt gestorben. Auf Mallorca, wo er lebte.

Tausend Trauergäste »aus der internationalen Rotlicht-Szene«, wie *Bild* anderntags berichtete, gaben Aki bei »strengstem Fotografierverbot« das letzte Geleit. Als die Urne aus der Halle getragen wurde, klatschten die Damen und Herren Beifall. »In südlichen Ländern wird ein ehrenwerter Mann mit Applaus aus dieser Welt entlassen«, hatte zuvor der Trauerredner gesagt. Die Rede hielt Peter Müller, genannt Pitt bzw. Oskar. Er kann mit Worten umgehen.

In der Bar hat er seinen eingerahmten Text über die »Historie des Uhus« aufgestellt. Der Name Uhu geht auf einen Berliner Ringverein der Zwanzigerjahre zurück. Ringvereine waren die Schutzgemeinschaften von Ganoven; um zu überleben, schlossen sich ihnen auch verarmte Intellektuelle und ehemalige Offiziere an. Mördern und Sexualverbrechern blieb der Zutritt zu den Gentleman-Banditen verwehrt.

Der Stuttgarter Uhu, schreibt der Gentleman-Lude Pitt, wurde in den fünfziger Jahren von Erhardt Seyfried und seiner Frau Hermine als Lokal für die bessere Gesellschaft gegründet. Hermine sang bei Festen für die Gäste Opernarien. »Geld spielte keine Rolle, man hatte es und gab es mit vollen Händen aus.«

Im Lauf der Jahre wandelte sich das Edellokal in einen geduldeten Puff. Im Herbst 2006 kam Pitt auf Bitten der alten Jungs nach Stuttgart und renovierte die Bar. Er hat in seinem Leben viele Etablissements für gutes Geld auf Vordermann gebracht. »Wenn ich ein Lokal betrete, weiß ich, wie es später aussehen muss«, sagt er. Und Stuttgart ist ein guter Platz. Pitt hat hier in den sechziger Jahren gelebt. Die Rotlicht-Achse Frankfurt-Stuttgart funktionierte immer.

1937 wird Peter Müller als Sohn einfacher Leute in Leipzig geboren, er muss früh für die Familie sorgen, sein Vater ist im Rollstuhl aus dem Krieg zurückgekehrt. Pitt lernt Dekorationsmaler und boxt bei Chemie Leipzig. 1955 flüchtet er aus der DDR nach Hamburg, 1957 heuert er als Mann für alle Fälle beim Schweizer »Circus Knie« an. Ein Jahr später will er mit einem Kollegen zurück nach Hamburg. Auf der Reeperbahn hat er Rotlicht gesehen, die Farbe gefällt ihm. An der Autobahnausfahrt Vaihingen bekommt er mit seinem Kumpel Krach. Pitt steigt aus und landet in der Stuttgarter Altstadt. Ein bürgerlicher Beruf ist nichts für ihn. Einmal arbeitet er in der Küche der US-Army auf dem Hallschlag. Kurz vor dem Thanksgiving Day, einem Heiligtum der Amerikaner, stiehlt er einen zubereiteten Truthahn. Die Jungs draußen haben Hunger, sagt er sich und legt den Braten in seinen Spind. Ein Fehler. Als die Soße aus dem Schrank läuft, verpasst ihm der mexikanische Küchenchef, wie er sagt, »die schlimmste Tracht Prügel meines Lebens«. Pitts US-Karriere endet nach vier Tagen. Er beschließt, in Zukunft seine Zweikämpfe zu gewinnen.

In der Altstadt, wo heute das Schwabenzentrum steht, brummen gerade die Rotlichtbaracken, »Vereinigte Hüttenwerke« genannt. Pitt geht kellnern, wie man das offiziell nennt, er arbeitet im Trichter, im Schiller, in der Lido-Bar. In Milieulokalen, »wo barfuß oder Lackschuh keine Rolle spielt. Hauptsache, du hast Kohle.« Er heiratet die Schwester eines berüchtigten Paten namens Romani und ist mit 24 Vater von zwei Kindern. Die Comicserie »Oskar der Familienvater« mit einem Kater als Titelhelden ist zu dieser Zeit erfolgreich, und schon heißt Papa Pitt unter Freunden Oskar.

Die Familiensaga war nicht geplant. Überall in der Altstadt spielen sie gerade den neuen Sound aus Amerika. »Rack'n'Roll«, wie Pitt heute noch sagt. Fast jede Bar präsentiert Live-Musik, auf der Bühne stehen Stars wie Casey Jones & The Governors, und die Polizeistunde interessiert nicht einmal die Polizei geschweige deren Präsidenten. Oskar und die Jungs tragen schwarze Lederjacken mit hochgestellten Kragen, enge Jeans und schon in jungen Jahren Verantwortung für arbeitswillige Damen. Jede Nacht geraten sie in Schlägereien, haben Zoff mit den Amis. Die GIs haben harte Dollars, gute Autos und zu viel Interesse an den Damen, die auch für die Jungs infrage kämen.

»Wir waren Halbstarke«, sagt Pitt, »wir haben's krachen lassen.«

1966 zieht er nach Frankfurt. »Dort spielten bessere Bands.« Pitt ist Zuhälter, bewegt sich bald im Glanz der Großen, Seite an Seite mit Box-Promotern, Sport- und Showstars. Bei Bedarf fährt er mit Chauffeur im Rolls Royce bei Partys vor – oder mal im Opel Admiral an die Knastmauer, um einen der Jungs zu befreien. Als auf der Flucht der Sprit ausgeht, mimt Pitt den toten Mann auf der Autobahn und nimmt dem nächstbesten anhaltenden Fahrer mit gezückter Kanone den Benzinkanister ab. Wenn die Strähne gelegentlich reißt, macht er Kurzurlaub auf Staatskosten.

Oskar ist heute – »nach fünfzig Jahren Asphalt« – einer der letzten Zeitzeugen der Subkultur im Rotlicht. »Unser Milieu«, sagt er, »gibt es nicht mehr.« Die Tage, als Banditen, als die Luden einen Ehrenkodex besaßen, als sie ohne Schusswaffen gegeneinander auf der Straße kämpften, sind vorbei. Die Sex-Industrie regiert. Die Uhu-Bar in der Altstadt ist ein pittoreskes Museum für lebende Geschichte und die junge Bohème der Clubs zu Gast. Der Besenstiel in der Tür ist nach wie vor ein Ritual.

Früher gab es Licht

Da gibt es diese hässliche Plakatwand, wenn ich mit der Linie 2 an der Russischen Kirche vorbei Richtung Liederhalle fahre. Auf einem Poster sieht man eine hübsche Trachtenschwester, und daneben steht: »Gott kann nicht alles regeln. Für uns bleibt noch genug zu tun.« Diese Sätze beschäftigen mich seit Tagen. Es ist gut, wenn Gott uns in der Krise etwas Arbeit lässt. Beim Gedanken, die Dinge zu regeln, habe ich heute eine andere Haltung als früher. Früher habe ich Clint Eastwood als Dirty Harry bewundert. Er war einer der Männer, die Dinge in Ordnung bringen. Anders als Gott kann Dirty Harry alles regeln, weil Dirty Harry eine Magnum hat.

Ebenfalls in den siebziger Jahren begegnete mir der Leibhaftige in seinem Job als Regulator. So heißt die Figur, die Marlon Brando in Arthur Penns Western »Duell am Missouri« spielt. Der Regulator ist ein Fettsack in Frauenkleidern, der für Geld und zum Spaß Menschen jagt und tötet. Gott sei Dank gibt es in diesem Film auch den Pferdedieb Tom Logan, dargestellt von Jack Nicholson. Tom hat die Dinge bereits geregelt, als er am Ende des Films den schläfrigen Regulator fragt: »Weißt du, weshalb du gerade aufgewacht bist? Ich habe dir soeben die Kehle durchgeschnitten.«

Es ist nicht so, dass ich den ganzen Tag mit solchen Bildern im Kopf herumlaufe. Mir sind diese Szenen eingefallen, als ich die hübsche Misereor-Schwester auf der hässlichen Bretterwand sah. Sie tat mir Leid, weil sie so viel zu tun hat. Zuvor war ich milde gestimmt gewesen, ich stellte mir vor, wie an Ostern die Sonne über der Russischen Kirche aufgeht und meine Saison beginnt.

Ich bin Flaneur und Herumfahrer, und vor kurzem habe

ich mir ein neues Lebens- und Arbeitsmotto zugelegt. »Spazieren und vor die Hunde gehen in Stuttgart« heißt das Motto, es spornt mich an, etwas zu tun, das Gott allein nicht regeln kann. Diese Woche war ich beim Fußball und habe gesehen, dass die Kickers absteigen werden, wenn Gott nicht sofort den Trainer rausschmeißt. Ich würde in solchen Fällen den Regulator engagieren, hätte Tom Logan ihm nicht den Hals aufgeschlitzt.

Ich kann nicht genau sagen, was mich davon abhält, mich auf beschauliche Ostern einzustimmen. Diese Stadt würde nicht friedlicher, hätte man nur den Trainer der Kickers im Visier. Es hindern uns andere Regulatoren und Brunnenvergifter, um in Frieden zu leben. Aber heute ist nicht der Tag für Attacken. Ich werde spazieren und in die Welt hinausgehen, ich werde herumfahren und in der Ostersonne zwischen den Welt-Endstationen von Botnang und Hedelfingen auf Dinge stoßen, die Gott nicht regeln kann. Viele Leute gehen heute nicht mehr bei Sonnenschein in die Stadt, sie kommen nur noch in der Dunkelheit. Man verspricht ihnen, mit dem Zungenspitzslogan »S-City-Shopping«, das Ereignis »Einkaufsnacht«, als sei das Neonlicht der Kaufhäuser nachts erregender als am Tag. Die Redensart »Nachts sind alle Katzen grau« stimmt nicht mehr. Angesichts der Touristen der Finsternis müsste es heißen: »Nachts sind alle Katzen grauenvoller.« Gott hat die Sache mit der Sonne, dem Mond und dem Feuerstein geregelt. Den Menschen hat er das Neonlicht überlassen, damit sie auch etwas zu tun haben. Das erinnert mich an einen Text des New Yorker Autors Leonard Michaels (er starb 2003), sein Essay heißt »Das Nichts, das nicht da ist«, ich fand ihn in einem Buch über das Mal- und Lichtgenie Edward Hopper: »Früher gab es Innen und Außen, Drinnen und Draußen, Mensch und Natur«, schreibt Leonard Michaels. »Früher gab es Natur. Die Menschen traten aus dem Haus ins Licht der Natur. Früher gab es Licht.«

So muss es gewesen sein, als der Regulator starb.

Der einsame Held

Am 6. November 1939 besucht Johann Georg Elser seine Schwester Maria Hirth im Stuttgarter Westen. Sie wohnt mit ihrem Ehemann Karl in der Lerchenstraße 52. Georg Elser ist aus München angereist, er hat dort monatelang hart gearbeitet, immer nachts. Als er am 7. November nach München zurückfährt, hinterlässt er in der Wohnung seiner Schwester einen doppelbödigen Koffer mit Spezialmeißeln, Drehbohrern und Zeichnungen. Elser ist von Beruf Kunstschreiner, ein begabter Tüftler.

Wieder in München, geht Elser ein letztes Mal an den Ort, an dem er lange geschuftet hat. Er überprüft seine Arbeit, sie ist gelungen.

Am 8. November 1939 um 21 Uhr 20 detoniert im Münchner Bürgerbräukeller eine Bombe, gezündet von einem Uhrwerk. Georg Elser hat diese Höllenmaschine, wie man sie nennt, gebastelt und in einer Säule des Gebäudes eingebaut. Diese Bombe sollte Hitler töten. Der Anschlag misslingt. Hitler hat aufgrund des schlechten Wetters und eines bevorstehenden Flugs dreizehn Minuten früher als geplant den Saal verlassen. Als die Bombe hochgeht, werden acht Menschen getötet.

Wäre der Anschlag geglückt, sagen Historiker heute, hätte der Holocaust nicht stattgefunden und die deutsche Wehrmacht nicht die Sowjetunion überfallen. Elser wollte, wie er später im Verhör der Nazis zu Protokoll gibt, weiteres Blutvergießen verhindern. Die deutsche Wehrmacht hat zu diesem Zeitpunkt bereits Polen überfallen.

65 Jahre später, 2004, porträtiert das ZDF Georg Elser zum Auftakt von Guido Knopps Dokumentar-Reihe »Sie

wollten Hitler töten«. Der Beitrag über Elser, ein Film mit üblicher Nazi-Event-Ausstattung, heißt »Der einsame Held«. Der einsame Held war in Wahrheit noch 50 Jahre nach seiner Ermordung ein unbekannter Mann.

Johann Georg Elser, 1903 in Hermaringen auf der Ostalb geboren, aufgewachsen in Königsbronn bei Heidenheim, wurde bis Ende der achtziger Jahre totgeschwiegen. Elsers Namen fand man weder im Brockhaus noch in einem Schulbuch. Der Hitler-Biograf Joachim C. Fest hatte den Königsbronner Schreiner noch 1973 in zwei Zeilen abgehandelt. Der Münchner Anschlag, schrieb Fest, sei »offenbar das Attenat eines Einzelgängers gewesen«, der Name des Täters tauchte in seinem Buch nicht auf.

Im Herbst 1989, fünfzig Jahre nach Elsers Attentat, fuhr ich nach Königsbronn, um für eine Reportage über Elser Material zu sammeln. Begleitet wurde ich von meinem Vater Hans; er wurde 1914 in Königsbronn geboren und kannte die Familie Elser. Ohne die Kontakte meines Vaters – er ist 2008 mit 94 Jahren gestorben – hätte ich keine Chance gehabt, mit Zeitzeugen zu reden. Man hätte mich überall rausgeworfen. Die Leute im Dorf wollten mit der Sache nichts zu tun haben.

Mit Hilfe meines Vaters trafen wir Leonhard Elser, den damals 75-jährigen Bruder Georgs. Leonhard Elser – er ist 2008 gestorben – war ein verbitterter Mann. Nur unwillig, erst nachdem er meinen Vater erkannt hatte, öffnete er die Tür. »Den Stauffenberg ehren sie jedes Jahr«, sagte er, »den Georg nie.« Leonhard Elser litt unter der Ablehnung und dem Getuschel der Dorfbewohner. Mancher Nachbar nannte seinen Bruder einen »Verräter«, und die Sippenhaft auf der Alb war noch nicht abgeschafft.

In Königsbronn fanden wir nirgendwo einen Hinweis auf Georg Elser, keine Gedenktafel, nichts. Wir sprachen mit Leuten in seinem Elternhaus, Aalener Straße 12. Keiner hatte je von Elser gehört.

Wir besuchten meinen Onkel Fritz Bauer, einen ehemaligen Gießermeister, der nach seinen Erfolgen als Ringer von der SS angeheuert wurde. Er war älter als mein Vater und hatte Georg Elser deshalb besser gekannt. Nach dem Zweiten Weltkrieg trat mein Onkel Fritz der SPD bei und wurde Gemeinderat in Königsbronn. Er habe ein paar Mal im Rathaus schriftlich angeregt, Elser eine Gedenkstätte zu widmen, erzählte er, vom Bürgermeister aber nie eine Antwort erhalten.

Mein Vater und ich stiegen die Wiese zum Königsbronner Steinbruch hinauf. Von oben hat man einen guten Blick auf den Itzelberger See. Der Besitzer des Steinbruchs, Georg Vollmer, damals 58, führte uns zu einem alten Betonbunker. In diesem Bunker wurde früher Munition für Sprengungen gelagert. Die Warnschilder waren noch zu lesen. Bei Georg Vollmers Vater, wo er eine Weile im Lohn stand, hat Elser den Sprengstoff für seine Bombe gestohlen. »Die Leute im Dorf haben im Dritten Reich im Gasthaus Hirsch gesessen und schlecht über den Georg geredet«, sagte der Ingenieur Vollmer. »Nach dem Krieg sind sie immer noch im Hirsch gesessen und haben lieber gar nichts mehr über den Georg geredet.«

Vollmer war der Ansicht, Elser habe nicht allein gehandelt. Ein Agent aus der Schweiz habe ihm geholfen. Der Plan, Hitler umzubringen, sei jedoch frühzeitig aufgeflogen. Danach habe die SS Elser zum Weitermachen gezwungen. Ein missglückter Anschlag, so seine These, hätte der Nazi-Propaganda gedient, Hitler stehe unter dem Schutz göttlicher Vorsehung. Ähnliche Verschwörungstheorien kursieren heute noch. Historiker haben sie widerlegt.

Der Ingenieur Vollmer sprach lange mit uns, er war eine Ausnahme. Überall sonst im Dorf stießen wir auf eine Mauer des Schweigens. Hartnäckig vertrat man die Meinung, Elser sei ein Einzelgänger gewesen, ein Kauz. Keiner könne etwas über ihn erzählen. Dabei hatte Elser wie die anderen Leute im Dorf am Vereinsleben teilgenommen. In der Zitherkapelle spielte er Cello.

Zur Erhellung von Elsers Geschichte trug 1989 maßgeblich der österreichische Regisseur und Schauspieler Klaus-Maria Brandauer bei. Er inszenierte den Kinofilm »Georg Elser – Einer aus Deutschland« und spielte darin auch die Hauptrolle. Zwar baute er in seinen eher mittelmäßigen Film mit Rücksicht auf die amerikanischen Geldgeber eine fiktive Liebesgeschichte ein, brachte aber mit seiner Arbeit Elser in die Medien. Jetzt erst gingen Historiker an die Arbeit.

Mit Brandauer habe ich mich lange unterhalten. Er nahm das Thema sehr ernst. Auch ihn hatten die Königsbronner bei seinen Recherchen rüde abgewiesen. »Elser hat sich nicht wie der Oberst Stauffenberg im Dunstkreis der Macht bewegt. Keiner wollte sich eingestehen, dass auch ein einfacher Mann in der Lage gewesen wäre, Hitler zu beseitigen«, sagte Brandauer.

Einige Jahre nach dem Medienecho zum 50. Jahrestag des Münchner Hitler-Attentats hat man zur Erinnerung an Georg Elser mit Berliner Unterstützung in Königsbronn ein kleines Museum eingerichtet. Eines Tages erhielt ich einen Brief des neuen Bürgermeisters. Einiges habe sich geändert in der Gemeinde, schrieb er. 1999 hat auch die Stadt Stuttgart dem Mann, der den Krieg verhindern wollte, ein Denkmal gesetzt, die Georg-Elser-Staffel an der Stafflenbergstraße.

Georg Elser wurde am Abend seines Anschlags, eine Stunde bevor seine Bombe explodierte, an der Schweizer Grenze in Konstanz verhaftet. Er hätte nicht flüchten müssen. Niemand hatte ihn zunächst im Verdacht. In den Verhören verriet er sich; in Brandauers Film sieht man Elsers aufgescheuerte Knie, die Folgen seiner Arbeit in der Säule des Münchner Hofbräukellers. Hitler plante einen Schauprozess. Dazu kam es nicht mehr. Am 9. April 1945, zwanzig Tage vor der Befreiung, wurde Georg Elser im KZ Dachau ermordet.

Seine Schwester Maria und ihr Mann Karl waren nach dem Anschlag von der Gestapo in der Stuttgarter Lerchenstraße verhaftet und nach Berlin transportiert worden. Am 20. Februar 1940 ließ man sie frei; danach waren sie arbeitslos. Auch Elsers Schwester Anna Lober aus Stuttgart-Zuffenhausen und ihr Ehemann waren in Gestapo-Haft. Am 28. November 1939 wurden sie entlassen. Beide Familien wussten nichts. Georg Elser hatte niemanden eingeweiht.

Am Haus Lerchenstraße 52 komme ich oft vorbei, es ist in meiner Nachbarschaft. Einen Hinweis auf Elsers Angehörige sucht man vergebens. Haftentschädigungen haben sie nie erhalten.

Über der Gürtellinie

Es riecht nicht gut in der Marienstraße. Die Marienstraße führt vom Wilhelmsbau an der Eberhardstraße in den Süden und Westen der Stadt. 1811 wurde sie nach Maria Feodorowna (1759 bis 1828), geborene Sophie Dorothee von Württemberg, benannt. Die Dame war die zweite Frau des 1801 ermordeten Zaren Paul I. von Russland. Das beweist, dass unsere Beziehungen zu den Russen schon gut waren, bevor der VfB den Stürmer Pogrebnjak verpflichtet und den weißrussischen Rastelli Hleb zurückgeholt hat.

Mein Problem ist immer das Gleiche in der Marienstraße. Ich komme aus der U-Bahn-Station Rotebühlplatz die Treppe hoch, und der Fett- und Fleischgeruch baut sich vor mir auf wie ein offener Müllcontainer. Durch die Marienstraße gehe ich jede Woche. Jedes Mal verwirrt sie mich aufs Neue. Andererseits bin ich der Marienstraße zu großem Dank verpflichtet. Diese Strecke hat mich dazu gebracht, die Stadt nicht nur bis zum Bauchnabel zu betrachten. Aus Verzweiflung schaue ich mit gestrecktem Hals die Häuser hoch, bis zu den Dächern. So lerne ich nach und nach, dass es gute Architektur gibt in der Stadt und städtebauliches Chaos und scheußliche Flickenteppiche aus Asphalt und Stein und Glas und Geld.

Die Marienstraße ist eine Hamsterpiste für Alt-Herren-Turnschuhe und Teenie-High-Heels. Bei gutem Wetter bekommt man keinen freien Stuhl vor den Imbissbuden und Cafés. Die Leute sitzen, telefonieren und mampfen. So stelle ich mir die Zukunft aller Provinzstädte vor. Man nimmt seinen Einkaufsbeutel, setzt sich erschöpft ins Gewühl, und es riecht nach Verlust.

Das alles ist merkwürdig. In Wahrheit wird die Marienstraße an der Eberhardstraße von der Parfümerie im Wilhelmsbau eröffnet. Ich wünschte mir, ihre Duftwolke im Innern könnte mir draußen etwas Hoffnung geben. Worauf, weiß ich nicht.

In der Marienstraße geht es Knall auf Fall. Man wird gestoßen wie eine Billardkugel. An der Bande: Discounter, Bratklops-Filiale, Pizzabude, Schnäppchenmarkt, Beate Uhse, Telefonanbieter, Juwelier, Herrenanzüge, Confiserie, Apotheke, Bioketten-Obst, das Hotel Ketterer (einst Sitz der Dixieland Hall mit ihrem Schulmeister-Jazz), Polstermöbel, Spielhöllen, Drogeriemarkt, Wasserpfeifen und (jedenfalls in Reviernähe) das famose Sportartikelgeschäft, in dem ich mir neulich einen Satz Hanteln und einen Eimer Proteine gekauft habe. Bei der Ehre Maria Feodorownas, man muss groß und stark sein in der Stadt mit der Marienstraße.

Erregend das Achterbahngefühl, die Stadt erst im Spiegel schlecht dekorierter Schaufenstern zu betrachten und dann himmelwärts an mächtigen alten Häusern hinaufzuschauen. Es wird mir schwindlig bei dem Gedanken, wo das alles enden wird.

Über der Gürtellinie der Stadt kann ich die Reste der Schautafel der Kali-Kinos erkennen. Oft habe ich in diesem Schuhschachtel-Kabinett gesessen. Die Kalis waren Action. Es gab sie in der Zeit, als man Kintopp im Rasiersitz genossen hat. Mancher schwankte herein, als habe er die Nacht zuvor im Sattel gesessen.

Heute ist die Marienstraße billiges Straßentheater, ohne den erotischen Reiz des Schmuddels. Die Frage, warum es so etwas gibt im Zentrum der Stuttgart-21-Stadt, ist schnell beantwortet. Diese Stadt hat kein Zentrum.

Der Blick wandert nervös hin und her. Es ist, als habe sich der Ausstatterschelm einer Amüsierklitsche eine Pointe erlaubt. Mitten im Discountgestank stößt man auf das Praxisschild eines Facharztes für Haut- und Geschlechtskrankheiten. Gott sei Dank, Maria Feodorowna hat an alles gedacht.

Der Stift

Ich fuhr im Bus der Linie 42 vom Rosenbergplatz Richtung Hauptbahnhof. Zuerst wollte ich am Katharinenhospital aussteigen und in der Bolzstraße ins Kino gehen. Unterwegs hörte ich dem Gespräch meiner Sitznachbarn zu und wurde neugierig. Am Katharinenhospital vergaß ich auszusteigen und fuhr mit gespitzten Ohren weiter.

Zwei Jungs, der eine schätzungsweise achtzehn, der andere sechzehn Jahre alt. Sie redeten deutsch. Wortwahl, Aussprache auffallend präzise. Leichter Akzent. Vielleicht Türken. Ich hätte sie fragen können, wollte aber das Gespräch nicht unterbrechen.

Der Ältere sagte: »Wenn du eine Sprache lernen willst, dann reicht es nicht, viel zu lesen. Alle sagen, du musst viel lesen. Lesen ist gut, aber das ist nicht alles. Das reicht nicht.«

Der Jüngere sagte: »Ich lese viel. Das ist schon stressig genug. Was soll ich denn sonst noch machen?«

»Schreiben«, antwortete der Ältere, »du musst schreiben. Es kommt gar nicht darauf an, was du schreibst. Einfach irgendwas. Du kannst ein Tagebuch schreiben, du kannst einen Kommentar über ein Fußballspiel in deinen Computer schreiben, du kannst Briefe schreiben. Wichtig ist, dass du dauernd schreibst.«

Seltsame Typen, dachte ich, die reden über die Wichtigkeit des Schreibens, statt sich wie die anderen im Bus Stöpsel in die Ohren zu stopfen. Oder wie ich die Nachbarn zu belauschen.

Wer eigentlich, überlegte ich, hat noch Lust zu schreiben, wenn er nicht gerade seine Kohle damit verdient oder auf den Durchbruch im Poetry-Slam-Geschäft hofft.

Im Alltag genießt Schreiben kaum noch Ansehen. Geschäftsbriefe von Weltfirmen sind seit Jahren unter aller Sau formuliert. Die Faxe hatten bereits alle denkbaren Schludrigkeiten erlaubt, und seit den E-Mails und SMS ist es ohnehin wurscht, ob ein Analphabet oder ein Komiker dahinter steckt. Viele, die heute für Komiker gehalten werden, sind Analphabeten. Mangels Schreib- und Sprachkenntnis täuschen sie Laute vor, als könnten sie furzen. Doch auch von dieser Kunst verstehen sie meistens nichts.

Die Jungs im Bus erinnerten mich an eine Geschichte des New Yorker Schriftstellers Paul Auster, man findet sie in seinem Essay- und Interviewband »Die Kunst des Hungers«. Paul Auster war acht Jahre alt, als er 1955 mit seinen Eltern ein Baseballspiel der New York Giants besuchte. Die Giants waren seine Helden, und der größte hieß Willie Mays. Willie Mays war ein Gott. Als Paul mit seinen Eltern nach der Partie das Polo Grounds Stadium verließ, mussten sie an den Spielerkabinen vorbei. In diesem Augenblick trat Willie Mays heraus. Dem kleinen Paul wurde schwindlig, doch er nahm sich ein Herz, ging auf den Baseballspieler zu und sagte: »Mr. Mays, können Sie mir bitte ein Autogramm geben?« »Sicher, Junge«, antwortete der Giants-Star Willie Mays. »Hast du was zum Schreiben?« Hatte er nicht. Auch nicht Pauls Vater, nicht die Mutter. »Tut mir leid, Junge«, sagte der große Willie Mays. »Ohne was zum Schreiben gibt's kein Autogramm.« Danach verschwand er in der Nacht.

Paul Auster berichtet, wie er lange heulte, weil ihn das Leben auf die Probe gestellt und er versagt hatte. »Seit jenem Abend«, schreibt er, »trug ich immer einen Bleistift bei mir.« Nie mehr wollte er sich mit leeren Händen erwischen lassen. »Wie ich meinen Kindern gern erzähle«, so endet Paul Austers Geschichte, »bin ich auf diese Weise zum Schriftsteller geworden.«

Eines Tages, schätze ich, wird mir auf der Linie 42 ein Dichter begegnen.

Die Telefonzelle

Die Arnulf-Klett-Passage am Hauptbahnhof ist eingekellerte Vergangenheit. Man hält unter Tage die Zeit gefangen. In den vergangenen Monaten musste ich zweimal in der Woche vom Eingang am Hauptbahnhof durch die Klettpassage zum Ausgang Kriegsbergstraße. In der U-Ebene kommt man an einem Glaskasten mit Telefonzellen vorbei. Einige Apparate hat man herausgerissen, einige scheinen zu funktionieren. Es gibt noch Menschen, die in Telefonzellen telefonieren. Sie gestikulieren: verkabelte Außerirdische im Zeittunnel. Ich kann mich nicht mehr erinnern, wann ich zum letzten Mal eine Telefonzelle betreten habe. Telefonzellen im Unterirdischen haben etwas Beängstigendes. Ich denke daran, wie ich neben den heraushängenden Kabeln eines abmontierten Telefonautomaten stehe und diese Frau anrufe. Seit drei Tagen wollte ich sie anrufen, ich hatte den Mut nicht gehabt, und jetzt sagt sie: Mit dir bin ich fertig. Sie spricht diesen Satz so gelangweilt wie bleibend in ihr iPhone, und ich werde mir überlegen, ob eines der heraushängenden Kabel reichen könnte, mich aufzuhängen.

Telefonzellen ragen aus der Vergangenheit in die Gegenwart wie Wrackteile eines Schrottkahns aus dem Wasser. Wenn man in der Klettpassage an den Telekom-Automaten vorbei geht Richtung Kriegsbergstraße, landet man in einer gottverlassenen Ecke. Sie heißt Kulturplatz. In Schaufenstern hängen Veranstaltungsplakate der staatlich subventionierten Bühnen. Es sind aktuelle Plakate. Sie wirken, als habe man vor Jahren vergessen, sie aus den Vitrinen zu nehmen. Ich habe noch nie einen Menschen gesehen, der hier stehen geblieben wäre, um die kulturellen Angebote der Stadt zu studieren. Wenn eine Stadt den hinterletzten Winkel ihrer Bahnhofsunterführung Kulturplatz nennt, muss der Kontakt mit ihrer Kultur gestört ein.

Die öffentliche Telefonzelle ist die merkwürdigste kulturelle Errungenschaft menschlicher Kommunikation überhaupt: Im Innern spielen sich die intimsten Dinge ab (und damit meine ich nicht nur schnellen Sex). Von außen beobachten Passanten das lautlose Drama durch die Glasscheibe, ohne zu wissen, worum es geht.

Diese pantomimischen Tragödien sind längst dem lärmenden Beziehungs- und Ausziehtheater der Generation iPhone gewichen. Neben mir in der Stadtbahn sitzt ein Landmädchen. Sie spricht in ihr Mobiltelefon. Nach zwei Minuten weiß der ganze Wagen mehr über ihre zerstörte Liebe als ihre Mutter. Sie könne kotzen, sagt sie, ein volles Arschloch sei der Scheißtyp, sie werde den Bastard umbringen. Alle fünf Sekunden sagt sie »o-u-ke-i«, alle zehn Sekunden »geil, weisch« (du weißt schon).

Ich komme aus einer Generation, die in der Telefonzelle Zeitungsberichte an die Redaktion übermittelt und in derselben Kabine von der eigenen Liebeskatastrophe erfahren hat. Ich bin die Generation Bundespost. Das fiel mir ein, als ich an der Telefonruine in der Klettpassage vorbeikam. Ich weiß nicht, ob sich das Leben prinzipiell geändert hat. Wenn diese SMS eintreffen, ich sei ein Scheißtyp und solle mich verpissen, ist das auch nicht immer geil. Aber okay.

Die Chemie der Erinnerung

Im Dezember 2006 eröffneten der Fotograf Lutz Schelhorn und der bildende Künstler Stefan Mellmann in der Stuttgarter Martinskirche ihre Ausstellung »Die Chemie der Erinnerung«. Sie hatten, um an die Deportation von Juden im Zweiten Weltkrieg am Nordbahnhof zu erinnern, die toten Gleise des Geländes fotografiert und die Dias vergraben. Einige Wochen später holten sie die Dias aus der Erde und gestalteten daraus großformatige Bilder. Diese Arbeiten wurden auf Metallplatten aufgezogen und am Nordbahnhof, gegenüber des offiziellen Mahnmals »Zeichen der Erinnerung«, auf einer kleinen Anlage im Freien ausgestellt. Auf Wunsch der Künstler hielt der Buchautor die Eröffnungsrede:

Guten Abend in der Martinskirche,

beim Schreiben der Sätze zur Eröffnung der Ausstellung »Die Chemie der Erinnerung« habe ich mich erinnert, wie ich mit dem Fotografen Lutz Schelhorn zum ersten Mal die toten Gleise am Stuttgarter Nordbahnhof besichtigt hatte. Es war Sommer, die Fußball-WM in Deutschland gerade vorbei und die Stadt noch in Partylaune.

Lutz Schelhorn und ich trafen uns am Tag vor der Nordbahnhof-Inspektion dort, wo wir uns immer treffen, wenn wir etwas zu besprechen haben, in der Kneipe Brunnenwirt am Leonhardsplatz. Uns verbindet eine gewisse Sympathie zur Altstadt. Dies hat weniger mit romantischen Motiven zu tun – die wären in diesem Elend eher unangebracht – als mit der Vorliebe, uns im Innersten, im Kern der Stadt zu bewegen. Die Stadt ist unser Thema.

Lutz Schelhorn, den Präsidenten der Stuttgarter Hells Angels, kenne ich seit über zwanzig Jahren, und die meiste Zeit kannte ich ihn so, wie man eben Angels kennt – als einen Typen in der Kneipe, dem man besser mit Respekt begegnet.

2004 tauchte Lutz bei einer meiner Lesungen in der Rosenau auf. Wir saßen nach der Vorstellung zusammen, und Lutz erzählte, er mache etwas Ähnliches wie ich, er beobachte und erforsche die Stadt, er mit der Kamera, ich mit dem Notizbuch.

Das Thema Hells Angels spielte in unserem Gespräch keine Rolle. Es interessiert mich auch nicht. Ich habe hier nichts zu rechtfertigen oder moralisch zu beurteilen. In jeder Gruppierung, auch in uniformierten, gibt es Menschen mit unterschiedlicher Haltung, das gilt und galt, wie wir aus der Geschichte wissen, sogar für Militärs, die angeblichen Vorreiter der amerikanischen Angels.

Kurze Zeit nach unserem ersten Gespräch sah ich Lutz Schelhorns erste Ausstellung bei einer Tattooshow in der Kultur-Arena Wangen, dem ehemaligen Theaterhaus. Inmitten der Motorräder, inmitten von Menschen mit viel Leder, Metall und Tattoos wirkten Lutz Schelhorns Fotos von den Obdachlosen, von den Junkies und Prostituierten, die er unter der Paulinenbrücke fotografiert hatte, so fremd wie anziehend.

Die Arbeiten strahlten, im Lärm der Show, eine große Ruhe aus. Ich ging an den Bildern entlang, war überrascht über die Würde dieser verlorenen Helden. Diese Bilder, die Porträts von Gestrandeten, vermittelten etwas Respektvolles. Nirgendwo auch nur der Ansatz fotografischer Ausbeuterei. Ich war beeindruckt, wohl deshalb, weil auch ich im entscheidenden Moment nicht gegen Vorurteile und Klischees gefeit bin.

Mein Gott, dachte ich, hier fotografiert ein Angel, seit wann interessiert einen Angel diese Art von Zurückhaltung, diese Art von Demut im Umgang mit Menschen?

Dann, nachdem ich die Bilder intensiv betrachtet hatte, wurde mir klar: Lutz Schelhorn nimmt seine Arbeit verdammt ernst. Es geht ihm, wie allen guten Geschichtenerzählern, um Präzision, und mir ging auf, was in ihm steckt: Er ist ein Kundschafter, ein Scout, ein Spurensucher. Diese Eigenschaften unterscheiden einen guten Fotografen von einem schlechten. Und Sie wissen, meine Damen und Herren: Wir sind heute überall umringt von Knipsern, von Menschen, die versuchen, ihr Leben mit Handy, Camcorder und Digitalkamera einzufangen.

Lange vor dieser technischen Entwicklung hat Friedrich Dürrenmatt die Kunst des Fotografierens auf den Punkt gebracht, und diese Sätze gefallen mir, sie passen zu Lutz Schelhorn: »Jeder kann knipsen. Auch ein Automat«, hat der Dichter gesagt. »Aber nicht jeder kann beobachten.«

Schon einige Zeit vor unserem sommerlichen Brunnenwirt-Gespräch hatte mir Lutz Schelhorn erzählt, dass er die toten Gleise am Nordbahnhof, die in Wahrheit die Gleise des Todes sind, fotografiert habe. Diese Mitteilung traf mich wieder unerwartet. Was, zum Teufel, dachte ich, treibt ihn um? Junkies, Penner, Huren – das verstehe ich. Wieso aber interessiert ihn jetzt die Deportation der Stuttgarter Juden in die Vernichtungslager der Nazis? Dieser Mann, dachte ich, ist die meiste Zeit seines Lebens auf einer Harley an der Welt vorbeigefahren, vermutlich war es ihm oft genug zuwider, überhaupt abzusteigen. Jetzt parkt er, der sich mal selbst als Easy Rider bezeichnet hat, sein Motorrad und erforscht seine Umgebung zu Fuß mit der Kamera.

Lutz Schelhorn formuliert in der Regel kurz und knapp, was ihn bewegt. Er sagt, als er von der Juden-Deportation in der Zeitung gelesen habe, sei es ihm unbegreiflich gewesen, dass das Gelände am Nordbahnhof sechzig Jahre brach gelegen habe, mehr oder weniger unbeachtet und mitten in der Stadt, mitten in Stuttgart.

In Lutz Schelhorn erwachte der Detektiv, er suchte Spuren. Und er wusste: Es ist schwer, fast unmöglich, an toten Gleisen noch etwas zu entdecken. Es gibt so gut wie keine Fotodokumente über die Verbrechen, die hier an den Juden in den Jahren zwischen 1941 und 1945 begangen wurden. Über 2000 jüdische Bürger wurden in Viehwaggons gepfercht und in die Vernichtungslager im Osten verschleppt, nach Auschwitz, nach Riga, nach Theresienstadt.

Die Judendeportation war zwar mittlerweile, sechzig Jahre nach dem Zweiten Weltkrieg, ein öffentliches Thema in der Stadt. Es hatte sich, unter dem Vorsitz von Roland Ostertag, der Verein Zeichen der Erinnerung gegründet, ein Mahnmal an den toten Gleisen wurde geplant und in diesem Sommer auch eingeweiht.

Damit aber war für Lutz Schelhorn das Thema nicht erledigt. Er wollte mehr wissen, und dann lernte er am Nordbahnhof den Wagenhallen-Künstler Stefan Mellmann kennen. Stefan Mellmann hatte eine Idee: Er schlug vor, eine Auswahl von Lutz Schelhorns eintausend Fotos, die er am Nordbahnhof gemacht hatte, auf Dias zu übertragen und diese Dias in der Erde zu vergraben. Eine fantastische Idee: Zwei Detektive wollten etwas ausgraben, indem sie etwas vergruben.

Jetzt ging es um künstlerisches Vertrauen. Die Künstler vertrauten sich der Erde an, sie sollte entscheiden, ob es noch etwas zu zeigen und zu erzählen gibt, was über die bisherige Vorstellungskraft hinausging. In der Erde, sagte Stefan Mellmann, könne man vielleicht den Schweiß, die Tränen, womöglich die Schuhabdrücke der Opfer finden.

Zunächst erschien mir dieser Gedanke esoterisch, doch das Resultat belehrte mich eines Besseren. Nachdem dreißig ausgewählte, namenlose, wie die jüdischen Opfer lediglich numerierten Dias drei Wochen ungeschützt etwa vierzig Zentimeter tief zwischen den Gleisen gelegen hatten, wurden sie herausgeholt, fotografiert und digital gespeichert – und es schien, als habe am Nordbahnhof eine Explosion stattgefunden.

Man stelle sich das Gelände in der Realität vor: Der Schotter zwischen den Gleisen wurde zuletzt aufgefüllt, alles andere blieb so erhalten, wie die Menschen jahrzehntelang achtlos daran vorbeigegangen waren. Man sieht die rissigen Holzbalken der Prellböcke, man erlebt Einsamkeit, Stille.

Würde ich die Geschichte nicht kennen, kämen mir andere Gedanken beim Anblick toter Gleise: Ich könnte Songs hören, Songs von Johnny Cash, Bob Dylan, Willie Nelson, Songs über Hobos und Country-Männer, die in Eisenbahnwaggons durch das Land fahren auf der Suche nach dem Leben.

Jetzt aber, da wir wissen, was am Nordbahnhof passiert ist, jetzt da die Erde ihre Arbeit getan hat, sehen wir farbgewaltige Bilder, sie wirken wie Gemälde, als hätte der Maler in der Ödnis ein Feuerwerk, einen Vulkanausbruch erlebt. Die Vergangenheit scheint sich in diesen Bildern einen Weg durch die Intensität, die Urgewalt der Farben freizusprengen. Auf einem Bild kann man den Schriftzug Thyssen als Relikt der Geschichte erkennen. Und man fürchtet sich fast davor, mit den Augen die Spuren aufzunehmen.

Auf den ersten Blick sehen die zwanzig für diese Ausstellung ausgewählten Bilder aus, als hätte ein Pop-Art-Künstler seine expressionistische Ader entdeckt, bei näherem Hinsehen erwacht dann so etwas wie das Gewissen oder auch Furcht: Welche Geheimnisse, fragen wir uns, bergen diese Bilder wirklich? Was können sie uns erzählen? Etwas, wovor wir Angst haben?

Hier prallt die Vergangenheit auf die Gegenwart, und keiner kann beim Betrachten auf diesen idiotischen, widerlichen Gedanken kommen, dem wir in der Gegenwart immer wieder ausgesetzt sind: Ach, das ist alles lange her, damit haben wir nichts mehr zu tun.

Lutz Schelhorn und Stefan Mellmann haben eine Methode gefunden, uns die Geschichte bewusst zu machen, sie live zu erleben. Das ist das große Verdienst dieser Ausstellung und ihrer bemerkenswerten Kunst.

Wir, meine Damen und Herren, müssen diese Schau als Ergänzung sehen zum Mahnmal »Zeichen der Erinnerung« – und nicht als Konkurrenz. Nehmen wir die schlichte Architektur des »Zeichens der Erinnerung«, ihre eindrucksvolle Zurückgenommenheit als Ausgangspunkt für einen Einstieg in die schlimmsten Jahre der deutschen, der heimischen Geschichte, betrachten wir die vermeintliche Wildheit der Ausstellung »Die Chemie der Erinnerung« danach als Stufe zwei – als einen Akt des Anstoßes, als Aufforderung, sich mit etwas auseinanderzusetzen.

Ich will Ihnen in diesem Zusammenhang eine kleine Anekdote erzählen. Vor kurzem beschrieb ich in einer Zeitungskolumne einen Spaziergang durch die Libanonstraße im Osten Stuttgarts. Die Geschichte hatte keinen historischen oder politischen Hintergrund. Es waren nur Momentaufnahmen eines Flaneurs. Kurz darauf rief mich Frau Braun aus Stuttgart an. Sie ist achtzig Jahre alt. Sie erzählte mir zuerst, wie sie einst als Kinder des Ostens in der Straße ihre privaten, eher lustigen Kämpfe zwischen Arm und Reich ausgetragen haben. Dann, ohne Aufforderung, kam Frau Braun auf die Juden zu sprechen, sie erzählte, dass sie als Kind beobachten konnte, wie die jüdischen Nachbarn auf Lastwagen abtransportiert wurden. Sie erlebte, wie ihre jüdischen Klassenkameraden spurlos verschwanden.

Seit diesem Gespräch gehe ich mit einem anderen Gefühl durch die Libanonstraße. Und ich denke, so wird es auch nach dem Besuch der Ausstellung »Die Chemie der Erinnerung« sein. Beim Betrachten der Bilder werden wir erleben, wie auf den toten Gleisen ein zuvor unsichtbarer Zug abfährt. Und womöglich müssen wir entscheiden, ob wir ihn stoppen.

Der Bahnhof

Der Oberbürgermeister hatte sich ein Schließfach gemietet, für alle Fälle. Es gab ihm ein gutes Gefühl, seinen Koffer im Schließfach am Bahnhof zu wissen. Der Oberbürgermeister öffnete sein Fach, schulterte seinen Sack, und unter Tränen sprach er zu seinen zersausten Bodyguards: Ich danke euch, ihr schwarzen Claqueure, dass ihr mich ein letztes Mal gestützt habt, aber jetzt muss ich verduften. Das Bodenlose unter meinen Füßen ist zu heiß geworden.

Der Oberbürgermeister trollte sich zum Bahnsteig, der Schaffner pfiff ein lustiges Lied auf seiner Trillerpfeife, und der Regionalexpress fuhr hinaus in die Nacht, vielleicht nach Schwäbisch Gmünd. Der Turm des Hauptbahnhofs stand stolz und erhaben, und der Mercedes-Stern auf der Spitze grüßte lächelnd den Mond.

So war das damals, nach der Kommunalwahl im Juni 2009, als man die Dinge in der Stadt neu geordnet hatte. Die Unions-Veteranen verzogen sich in ihre Kellerspelunken, ihr blutiger Anführer, ein machtbesessener Youngster namens Föll, rülpste »Ich bin der neue Oberbürgermeister«, während die Sozen-Frau Ute Vogt am Abstellgleis des Bahnhofs über dem Prellbock hing. »Ich bin überrascht«, stammelte sie in die Kameras der Wahlreporter, »dass am Ende nur das eine Thema Stuttgart 21 gezählt hat.« Dieses Milliarden Euro tiefe Stuttgart 21, das man als »Bahnprojekt« und »neues Herz Europas« im Repertoire der PR-Schwafler findet.

Frau Vogt ist die Dame, die gern in Biker-Klamotten den Feger aus Kurpfalz gibt und im richtigen Leben der Zeit hinterherhinkt, wie alle Spezialdemokraten. Der

Bild-Zeitung hat sie mal erzählt, sie habe einem Mann einen Orgasmus vorgetäuscht. Dem Rest der Menschheit täuscht sie seitdem eine Position vor. Und eine Frisur. Man muss sich weit außerhalb der Realität bewegen, um die Nähe der Menschen zu ihrem Bahnhof nicht zu begreifen, vor allem dann, wenn der Bahnhof in Gefahr ist, zerhackt zu werden.

Eine Bahnstation ist kein Tiefgaragenplatz. Hätte die Sozen-Frau ihr Moped eines Tages an den Schienen abgestellt und sich zu den Rockern ans Lagerfeuer gesetzt, sie hätte womöglich Mick Jaggers Stimme gehört:

Take me to the station
And put me on a train
I've got no expectations
To pass through here again.

Sie würde sich heute nicht wundern, dass die Menschen um ihren Bahnhof kämpfen. Bahnhöfe, besonders die guten wie der Stuttgarter, sind wie Kirchen. Sakrale Herbergen, Orte voller Mythen. Der Bahnhof ist der Platz, an dem Männer und Frauen Entscheidungen treffen. Politiker gehen nicht zum Bahnhof. Politiker schließen faule Kompromisse und korrupte Verträge am Autotelefon.

Der Bahnhof ist Anfang und Ende, Sehnsucht und Tod. Wie viele Zeilen sind darüber gedichtet, wie viele Szenen gedreht worden. Ein kleines Lied von Annette Humpe fällt mir ein: »Bahnhof Zoo, mein Zug fährt ein / Ich steig aus, gut wieder da zu sein.«

Den Berliner Bahnhof Zoo, dieses heruntergekommene Denkmal der Vergangenheit, habe ich unlängst zufällig per S-Bahn angesteuert und bei der Ankunft gerochen, wie viele Geschichten er erzählen könnte. Ein Bahnhof unterscheidet sich von jedem anderen Bauwerk. Wie banal dagegen die flirrige Anonymität eines Flughafens, die asphaltierte Langeweile einer Autobahn. Nur ein Hafen, so man einen hat, kann ähnliche Gefühle hervorrufen.

Wache Geister lieben ihren Bahnhof, an seinen Gleisen haben sie gelernt, was Ankunft heißt und Abschied. Und wenn die Eisenbahnräder rollen, singen sie mit Johnny Cash:

Train of love's a-comin', big black wheels a-hummin'
People waitin' at the station, happy hearts are drummin'.

Der Bahnhof ist kein Schließfach für Spekulanten auf Durchreise. Ende der Durchsage.

Der Mann auf den zweiten Blick

2005 verließ der österreichische Schauspieler Gottfried Breitfuß nach langjährigem Engagement das Stuttgarter Staatstheater und ging nach Zürich. Bei seinem Abschiedsfest in der Kleinkunstbühne Rosenau hielt der Autor die Laudatio:

Guten Abend, hochverehrtes Publikum,

keine Angst, ich bin heute Abend nicht der Festredenhalter, der vom Ansehen her bekanntermaßen unter dem Handtuchhalter und Hundehalter rangiert. Ich bin der Leichenredner. Und wie Sie wissen, gibt es gelegentlich auch eine schöne Leich. Herr Gottfried Breitfuß hat uns verlassen, was eine Sauerei ist. Aber er ist halt Österreicher, und mit den Österreichern haben wir uns im Lauf der Zeit an Sauereien gewöhnt.

Gottfried Breitfuß habe ich Anfang der achtziger Jahre im Treff Fröhlich unter der Liederhalle kennengelernt. Wer es nicht weiß: Das war die Kneipe des Journalisten Hans Fröhlich, die bis morgens um fünf geöffnet hatte. Dieser Laden war damals eine Stuttgarter Sensation, so lebenswichtig wie die Schinkenhörnchen, die es morgens beim Bäcker Schmälzle in der Hauptstätter Straße gab.

In Fröhlichs Fünf-Uhr-Kneipe saß sehr oft Herr Gottfried Breitfuß, um dortselbst mit Hans Fröhlich über die Welt zu diskutieren. Das hörte sich meist an wie aus einem Stück von Thomas Bernhard, nur – was fast unmöglich ist – erheblich gemeiner. Denn hier waren gleich zwei Monologisierer am Werk, und ich glaube, Dialoge mit Übereinkünften waren in diesem Etablissement verboten. Im Grunde galt, was die Debatte über die Kunst betraf, der Satz von Karl Kraus: »Schimpft alle in der Garderobe, ich wart doch wehrlos im Saal.« Und die Garderobe war in diesem Fall das Wirtshaus Fröhlich.

Weil ich damals eher wenig von Karl Kraus und der Bernhard'schen Weltsauerei-Interpretation verstand, mischte ich mich mit den mir zur Verfügung stehenden Mitteln ein und nannte zu fortgeschrittener Stunde Herrn Breitfuß einen Knallchargen, weil ich die Schauspielerei jenseits der Kategorie Clint Eastwood nicht für eine ernst zu nehmende Profession hielt.

Herr Breitfuß schaute mich daraufhin von oben bis unten an, nahm Maß wie ein Sargtischler und hieß mich einen Hobby-Zyniker. Ich wiederhole: Hobby-Zyniker. Das war die denkbar schlimmste Beleidigung, die er aussprechen konnte.

Das Spiel zwischen Knallcharge und Hobby-Zyniker ging einige Jahre, bis wir aus Gründen des würdevollen Alterns eine Art Annäherung schafften, so wie seinerseits die Amis und Russen, jeder noch eine Atomrakete in der Tasche. Jedenfalls gab es keinen Krieg, und später trafen wir uns verhältnismäßig oft wieder, beispielsweise im Café Weiß, wo wir dann friedlich am selben Tisch saßen und uns bei alkoholischen Getränken gegenseitig Mut zusprachen. Der Zynismus war inzwischen einer Depression gewichen. Von nun an galt ein Vers von Georg Kreisler als Motto:

Ich sitz grad im Gasthaus
bei nem Glas Wein
und rast aus
drauf sag ich: Herr Wachtel
trinkens noch oa Achtel

Im vergangenen Winter trafen Gottfried und ich uns in freier Wildbahn, in der Natur, und danach habe ich folgende Geschichte aufgeschrieben:

ES IST EIN KALTER, klarer Wintertag, ein Tag für zwei verschnupfte Nasen unter freiem Himmel. Wir treffen uns im Bohnenviertel zum Abschiedsmarsch. Der Schauspieler Gottfried Breitfuß wird das Ensemble des Stuttgarter Staatstheaters Ende der Saison Richtung Zürich verlassen. Ein Sommertag, haben wir gesagt, würde nicht taugen für einen Abschiedsmarsch. Ein Mann geht winters, das Wuschelhaar unterm Hut.

1987 kam der Österreicher zum ersten Mal nach Stuttgart, 1993, nach einem Engagement in Basel, zum zweiten Mal. Seitdem spielte er en suite am Eckensee.

In München, sagt Breitfuß, er ist 46 Jahre alt, habe er mal einen 93 Jahre alten, noch aktiven Kollegen kennen gelernt, der habe ihm gesagt: »90 Prozent von dem, was ich gemacht habe, war Scheiße. Aber der Rest hat sich gelohnt.« So gesehen, sagt Breitfuß, habe er Glück gehabt, er liege auf der Scheiße-Skala bis jetzt bei 87 Prozent. Warum er trotzdem geht? Mein Gott, weil er lange genug hier gewesen ist.

Anfang der Neunziger traf er im Zug von Frankfurt nach Basel zufällig den Intendanten Friedrich Schirmer. »Ich hole dich, wenn ich ein gutes Engagement habe«, hat Schirmer gesagt. Bald darauf saß Breitfuß im Zug von Basel nach Stuttgart.

Dabei hatte er damals keine so gute Erinnerung an diese Bühne. »Als ich zum ersten Mal in Stuttgart gespielt habe«, sagt er, »habe ich mir einen schwarzen Verfolgerscheinwerfer gewünscht.« An den Titel des Stücks kann er sich noch erinnern, er hieß »Sünden der Landbewältigung«, an das Stück selbst nicht.

Wir gehen am Theater vorbei, durch den Schlossgarten, und man kann sich eigentlich nicht vorstellen, dass dieser Mann bald nicht mehr hier spielt. Über 150-mal ist er bis heute allein in der fürs Wirtshaus konzipierten Tragikomödie »Indien« aufgetreten; erst in Zuffenhausen, später in der Rosenau. In »Indien« geht es um die Gastronomie-Tester Bösel und Fellner, die durch Österreich reisen und die Restaurationsbetriebe unter die Lupe nehmen. Den Herrn Bösel spielt Breitfuß, den Herrn Fellner sein Freund und Landsmann Ernst Konarek. Der Bösel ist ein quadratschädliges Vertreterfossil, Breitfuß in dieser Rolle eine Art Böselfuß.

Ein Böselfuß kann einem Angst machen, wenn er am Wirtshaustisch die Kellnerin mit den Augen verschlingt, bevor er in eine lebensgefährliche Melancholie versinkt.

Breitfuß will in Stücken spielen, sagt er, »in denen der Zuschauer mit uns mitkommen kann«. Er sei nun mal der Typ Volksschauspieler: »Ich will sein, wer ich bin«, sagt er, »der Rest ergibt sich.«

Gottfried Breitfuß ist im Salzburger Land aufgewachsen. Seine Eltern bewirtschafteten einen Bauernhof im Tal und eine Skihütte auf der Alm. Er hat eine Bergmenschenseele, weiß der Teufel, wie ein Mensch das aushält, fortwährend rauf- und runterzukommen, das ganze Leben lang. Es war nur eine Frage der Zeit, dass sich der Erzkomödiant Breitfuß das Singspiel »Im Weißen Rössl« vorgeknöpft hat, 1999 als Regisseur und in der Rolle des Oberkellners Leopold. Kellnern hatte er als Fünfjähriger bei den Eltern gelernt. Überhaupt beutet Breitfuß dauernd sein Leben aus. Das sei sein Handwerk, sagt er. Er sagt nicht Kunst, er weiß aber, was sich künstlerisch gelohnt hat in all den Jahren: das »Weiße Rössl«, »Indien«, Nestroys »Frühe Verhältnisse« – lauter Produktionen der Austro-Connection am Stuttgarter Schauspiel.

Das sei das Schöne hier gewesen, sagt er, die Freiheit bei Schirmer, sein eigenes Ding zu machen. Unvergessen die Solo-Abende mit Liedern des Taubenvergifters Georg Kreisler, die Vorstellungen unter dem Titel »Meschugge«, in denen man glaubte, Gottfried könne für eine Zehntelsekunde über dem Bühnenboden in der Luft stehen, geladen mit magischer Energie. Ich glaube, er kann es wirklich.

Wir sind ein Stück gelaufen, bis zu den Mineralbädern. Gottfried Breitfuß dreht sich um die eigene Achse, sagt, was er vermissen werde: Ja, das alte Bad Berg; Stuttgarts Mineralquellen nicht zu kennen, sagt er, sei wie nach Ägypten zu fahren, ohne die Pyramiden zu sehen. Und dort oben die Rotenbergkapelle, zu der er unzählige Male gewandert ist, oder der Kappelberg, drüben das dörfliche Uhlbach, Ziel seiner Spaziergänge, die Freuden der Landbewältigung.

Er ist viel gewandert, auf der Suche nach dem Leben. Von Pforzheim zu Fuß nach Basel und von Basel nach Genf. Immer gemäß der Kreisler'schen Lehre:

Am Anfang fiel mir ja das Kriechen schwer. Jetzt schaff ich sieben Arsch pro Tag und montags fünfzehn oder mehr. Ja man braucht schon ein bisschen Routin, um so wie ich von Arsch zu Arsch zu ziehn.

Unterwegs, von Arsch zu Arsch, hat Gottfried Breitfuß Stuttgart lieben gelernt. »Stuttgart tut nicht mehr, als es ist«, sagt er und meint damit wohl auch sich selbst: »Ich bin der Mann auf den zweiten Blick.« Einer, der das Abenteuer liebt, auf der Bühne vielleicht nur zwei-, dreimal im Leben »die vierte Wand einzureißen«, wie er sagt, und zu wissen, dass es damit genug ist mit der Kunst.

Ja, den alten Freund Konarek, sagt Gottfried Breitfuß am Ende unseres Spaziergangs, den werde er wohl vermissen, wenn er gehe. Das hört sich an, als könnte er eines Tages wiederkommen.

So und jetzt feiern wir heute diesen Abend und trinken darauf, dass wir unsere schöne Leich, den Herrn Böselfuß, bald wieder sehen. Alles andere wäre meschugge.

Hennen vor Heslach

Es war ein Sonntagnachmittag im Februar, der erste Tag in meinem Stadtstrolchleben, an dem ich kapitulierte. Ich wollte nicht weiter, keinen Schritt, ich hatte genug.

Jedes Mal, wenn ich mein Notizbuch und meinen Filzstift aus der Jackentasche kramte, fror es mich dermaßen widerlich an die Finger, dass ich laut vor mich hinsagte: Schluss! Aus! Scheiße! Ihr könnt mich! Gott kann nicht wollen, dass ich vereise in Heslach, draufgehe in der Fremde, ich gehe zurück in die Stadtbahn, nach Westen.

Warum ist es in Heslach am helllichten Tag kälter als bei uns? Heslach ist der Stuttgarter Südpol. Es ist hier kälter als an jedem anderen Ort der Stadt, so wie es in Botnang dunkler ist als an jedem anderen Ort der Stadt. Behaupte ich. Ich habe in Heslach zugeschaut, wie der Schnee durch die Hinterhöfe prächtiger Backsteinhäuser wehte, als hätte man eine Windmaschine angeworfen. Ich konnte sogar sehen, wie hinter den Schneewehen eiserne Balkone rosteten. Ich sage Ihnen: Es ist spannender, in Heslacher Hinterhöfen einem Balkon beim Verrosten zuzuschauen als im Möhringer Musical dem Kaiser Franz-Joseph beim Entjungfern der dummen Sissi.

Die menschliche Kälte des Südens spürst du bereits am Marienplatz, nahe der Rampe: Beim Juwelier Tina in der Böblinger Straße kostet einmal »Nasenstechen« 15 Euro, »Ohrenstechen« gibt es ab acht Euro. Wenn es nicht Sonntag gewesen wäre, hätte ich mir in die Nase stechen lassen und in beide Ohren, nur um festzustellen, ob ich noch lebe. Es wird, so scheint mir, am Marienplatz recht viel gestochen, nicht nur in die Nasen und Ohren, worin man meines Erachtens nicht so viel stechen müsste, weil ja in den meisten Nasen und Ohren sowieso schon Löcher sind. Es gibt am Marienplatz mehrere Tattoostudios, eines davon wirbt an der Böblinger Straße auf einem Schild über dem Eingang mit »Tattoons«. Tattoons hinten mit N. Die aber bitte nicht verwechseln mit den »Hoons«, jenen Hoons mit amerikanischem Doppel-O, die das Nachfolge-Lokal des ehemaligen Wienerwalds in der Nachbarschaft statt der früheren Hühner kredenzt.

Aus dem kapitalistischen Hendl und dem kommunistischen Broiler – den Wohlstandskadavern des Kalten Krieges – sind globale Hoons mit zwei o geworden, vom Grillspieß gepiercte, von der Hitze tätowierte Göckel und Hühner. Dutzendweise habe ich das gerupfte Federvieh in meinem Leben verschlungen. Das Hoons-Lokal am Marienplatz liefert sie seit geraumer Zeit tadellos auf telefonische Bestellung per Automobil. Das ist vernünftig, denn Hoons können – sind sie erst mal gepierct und gegrillt – nicht mehr fliegen.

Meist kommt mein Hoons-Lieferant in einem Smart angerauscht, groß genug für eine gepiercte Pfefferhenne oder ein tätowiertes Chilihuhn. Deutschfeindliche Amerikaner, habe ich mir sagen lassen, nennen deutsche Smart-Autos »Elefantenrollschuhe«, ohne zu ahnen, dass bei uns auf Elefantenrollschuhen tote Hoons ins Haus gefahren werden. Das ist die technische Überlegenheit der Deutschen. Ich habe noch nie gehört, dass es ein toter amerikanischer Truthahn geschafft hat, auf Cowboystiefeln die Kundschaft zu besuchen. Dafür bräuchte er einen Smart. Alles andere ist Hühnerkacke.

Der Smart von Daimler ist nur deshalb ein Verlustgeschäft, weil der Hoons-Markt bei uns noch nicht jene Bedeutung erlangt hat, die er verdient hätte. Würde sich die Bevölkerung von heute so viele Hoons mit zwei o wie »Tattoons« einverleiben, wäre der Marienplatz längst zu einem Smart-Parkplatz umgebaut worden.

So trinkt auf die Hennen mit Rädern!

Solange sie kompromisslos gegrillt aus der Kälte von Heslach kommen.

In der Saison 2008/09 spielten der VfB Stuttgart II und die Stuttgarter Kickers in der dritten Liga – und im selben Stadion auf der Waldau. So kam es, dass die Kickers auf eigenem Platz ein Auswärtsspiel bestreiten mussten. Davon handeln diese Zeilen, am Abend des 1. April 2009 nach dem 0:3 der Blauen gegen die Roten geschrieben:

Heimatlos

Wir hatten die Eintrittskarten
mit dem Wappen des Gegners in der Tasche,
obwohl wir im eigenen Stadion spielten.
Unseren B-Block, in dem wir es sonst im Stehen machen,
hatten sie als »Puffer« geschlossen.
Fremde im eigenen Land,
und in der zweiten Halbzeit fiel das Flutlicht aus.
So ist das, wenn sich in der Stadt
die Gegner ein Zimmer teilen.
Unsere Mannschaft spielte kläglich,
sie hat keine Seele mehr.
Der Club hat uns beleidigt,
und ich scheiße auf die Poesie.
Humor? Dass ich nicht lache.
Wir haben nullzudrei
gegen VfB Zwei
verloren.
Es war das Spiel der Schande,
das Ende kurz am Rande:
Wir kacken final ab
im Heimatlosen-Cup.

Baby, draußen ist es kalt

Der Mond hing voll und rund an seinem Stammplatz, wie der letzte Gast der Weihnachtsfeier. »Weihnachtsabend war's«, hat der Dichter Robert Walser geschrieben, »die Stadt lag klug und schön da.«

Ein einziges Mal, dachte ich, möchte ich die Stadt klug daliegen sehen, nur um zu erfahren, wie schön sie wirklich ist. Das Lichterspiel am Bahnhofsturm flackerte blass, als sende es die letzten SOS-Signale. Bald werden die Bagger kommen, und den hässlichen Hindenburgbau gegenüber werden sie verschonen. Ich weiß nicht, warum dieser Betonklotz immer noch so heißt. Längst hat sich herumgesprochen, dass es zur Weihnachtszeit in Hindenburgs Hirn nicht nur leise rieselte: Fünf Wochen später hat er Hitler zum Reichskanzler ernannt.

Noch täuschte das Glitzern auf den Gehsteigen. Nicht der Schnee, der es dem Dichter Walser so sehr angetan hatte, dass er sommers kein Gedicht schreiben konnte, war über die Stadt gekommen. Es war der Frost, es war hundekalt, und Gablenberg, erzählte mir der Busfahrer, hatte mehr Raureif abgekriegt als der Killesberg.

Killesberg-Gärten haben Rasenheizung.

Am Crèpesstand im Bahnhof bestellte ich Apfelmus. »Weihnachten ist tote Hose«, sagte der Verkäufer. »Nach Weihnachten ist vor Weihnachten«, sagte ich, nur um etwas zu sagen. In Kürze werden die übrig gebliebenen Tannenbäume zu Holzschnitzeln verarbeitet, im Frühling beginnt das Baumschneiden, und schon im Sommer werden die Bäume in die Preiskategorien fürs nächste Weihnachtsfest eingeteilt. Der Trend geht nach der Minimode wieder zu teuren Bäumen, die bis zur Decke reichen. Wir dürfen eine gute Baumkonjunktur erwarten. Staubsaugervertreter, Dieselkombiverkäufer und Scheidungsanwälte werden davon profitieren.

Weihnachten war so gut wie gelaufen, als ich vom Bahnhof kam. Der Drehorgelspieler in der Königstraße kassierte zu Recht nur noch in der untersten Kategorie. Man kurbelt nicht am zweiten Feiertag »Stille Nacht« herunter. Es gibt auch nicht ewig Vollmond.

Mich hatte man an Heiligabend zum Weihnachtsliedersingen bestellt. Die Festgesellschaft versammelte sich um das Klavier des Musikers, alle sangen, und ich versteckte mich in einer Ecke. Als das Konzert beendet war, fragte man mich, wie ich das Weihnachtssingen gefunden hätte. »Gut«, sagte ich, »ich habe jetzt mehr Verständnis für Al Kaida.«

Später stieg ich die Treppe aus der U-Bahn zur Marienstraße hoch, und zum ersten Mal im Jahr stank es nicht nach Imbissbudenfett. Der Frost hatte den Gestank eingedost, und aus dem Kellerclub in der Passage drang keine Schüttelfrostmusik. Weihnachten bringt einige Vorteile in die Stadt. Nicht nur im Weltweihnachtscircus auf dem Wasen gibt es Sensationen. An Weihnachten erweitert sich das Universum: Im Westen der Stadt konnte ich erstmals freie Parkplätze sehen. Beinahe hätte ich einen schwarzen Mercedes gemietet, nur um zu sehen, wie der Raureif das Dach des Wagens weiß lackiert.

In der Liederhalle hatte die Rat-Pack-Show mit Frank Sinatra, Dean Martin und Sammy Davis jr. begonnen, womöglich zu früh: Wiederauferstehungen gibt es bei uns normalerweise erst kurz bevor die ersten Nikoläuse in den Läden stehen, etwa gegen Ostern.

»Baby It's Cold Outside«, singen Sinatras Ratten. Mit dem letzten Mercedes sind sie vom Himmel herabgerauscht, draußen ist es kalt, Baby, das ist wahr, aber ich habe die nackte Haut unter dem verrutschten Pulli der Dame gesehen, als sie vor dem Eiscafé Venedig in der Königstraße ihr Freiluft-Mobiliar entfesselte. »Zwei Kugeln Banane, Lady«, hätte ich gern gesagt, »nach Silvester höre ich mit dem Rauchen auf – unter der Dusche.« Aber ich bin nicht Frank Sinatra, und noch ist nicht Silvester.

Im Kunstmuseum am Schlossplatz fand ich ein Buch von Dieter Roth, der Künstler hat oft in Stuttgart gewirkt und uns getröstet:

Balle balle / Knalle / Wann knalln wir in der Halle? / Wir ballern / wenn der Knaller kommt / und knallern / was dem Baller frommt! / Knalle Knalle / Balle / So ballerts / in der Halle.

Dann ballerte die Schneekanone, die schwarzen Mercedesdächer färbten sich weiß, es war der zweite Weihnachtsfeiertag.

Am ersten Weihnachtstag 1956 ist der Dichter Robert Walser wie so oft in seiner geliebten Winterlandschaft spazieren gegangen. Als man ihn gefunden hat, lag er tot im Schnee.

Die Magie der Menschlichkeit

2006 ist Ali Taner gestorben. Er war einer der besten und gastfreundlichsten Wirte Stuttgarts.

Als die Nachricht kam, Ali sei tot, dachte ich: Das kann nicht sein, Ali ist das Leben. Er war krank, ja, das wusste man, aber wie schwer, wusste keiner.

Ali, uns seit einer Ewigkeit als aufrechter, drahtiger Mann mit kantigen Gesichtszügen vor Augen, als globaler Charakterkopf, hat selten über sich selbst gesprochen. Er fragte nach den anderen, den Freunden, den Weggefährten. Stuttgarts stadtbekannter Litfass-Wirt im Schwabenzentrum war ja nie nur Wirt. Er lebte die Tugend Gastfreundschaft. Keiner ging »zum Türken«. Man ging »zu Ali«.

Manchmal dachte man, ihn plage ständig die Sorge, irgendwem aus seinem großen Clan könnte es schlecht gehen – aber ihm selbst? Als Wirt, Barmann oder Koch diente er der Menschlichkeit. Hart gegen sich selbst, verschwiegen und vor allem großzügig. Er kam an den Tisch, öffnete eine Flasche Raki und drohte mit Lokalverbot, wenn einer zahlen wollte.

Wo Ali war, war der Süden.

Als ich ihn in den siebziger Jahren kennen lernte, hatte er gerade die Kupferschmiede am Mozartplatz übernommen. Hier wurden Freundschaften geschlossen, Beziehungen gerettet, Überlebensstrategien entworfen. Ali hatte ein offenes, internationales Haus, er war Vermittler, Berater in allen Krisen. Ohne ihn wären etliche Wohngemeinschaften verhungert oder, schlimmer, verdurstet.

Ali Taner wusste, was es heißt, nicht viel zu besitzen. 1931 wurde er in Istanbul geboren. In den Tavernen der

Stadt arbeitete er als Kellner. Wenn er etwas Geld verdient hatte, ging er auf Reisen. In den Sechzigern lebte er ein halbes Jahr in Italien, eines Tages hatte er noch sechzig US-Dollar und die Stuttgarter Adresse eines Türken in der Tasche. Er fuhr hin, verdingte sich zunächst als Lkw-Fahrer und danach als Gemüsehändler in der Markthalle.

Bald wurde er Wirt und stieg in der neuen Kneipenszene zu einer Größe auf. Er zog das Publikum magisch an. Seine Gäste tourten im Tross mit ihm durch die Stadt. Mal stand er hinter der La-Concha-Bar am Wilhelmsplatz, mal am Diogenes-Grill in der Olgastraße.

Als der Journalist Hans Fröhlich Anfang der Achtziger unter der Liederhalle seine Kneipe eröffnete, wurde Ali eine Institution im Nachtleben. Der Laden hatte bis morgens um fünf geöffnet. Ali bekochte die Gäste mit türkischen Kässpätzle.

Der geschäftliche Durchbruch als Wirt gelang ihm 1985 mit der Eröffnung des Litfass im Schwabenzentrum, der Nahtstelle zwischen Altstadt und Hans-im-Glück-Brunnen. Der Laden war Tag und Nacht geöffnet, sommers kämpften Kneipenflaneure um einen Platz auf der Treppe zu seinem Biergarten.

Ali hatte ein großes Herz für Musiker, er wollte nicht glauben, dass Künstler, die etwas können, nichts verdienen. Also holte er sie selbst auf die Bühne, nicht nur unbekannte, auch gestandene Musiker wie die Rocksängerin Anne Haigis und den Jazz-Bassisten Wolfgang Schmid.

Rund ums Litfass eröffnete Ali im Lauf der Zeit einige Lokale, so viele, wie er Kinder habe, sagte er mal.

Ende der Neunziger zog sich Ali Taner zurück. In der Landhausstraße führte er noch vorübergehend das Tarabya. »Geld«, hat er mir mal gesagt, »Geld kannst du nicht mit ins Paradies nehmen – auch nicht mit in die Hölle.« Dann hat er eine Flasche Raki geholt und einen Teller Schafskäse.

Ali Taner ist am Sonntagmorgen, dem 23. Januar 2006,

im Stuttgarter Katharinenhospital gestorben. Zwei Tage später wurde er in Marmaris, im Süden der Türkei, beerdigt. So hatte er es sich gewünscht.

Um Irrtümer am Tresen zu vermeiden, haben wir ihn immer den »großen Ali« genannt. So wird es bleiben. Ihn zu vergessen hieße, einen aufregenden Teil unseres Lebens zu vergessen.

Das Lied der Krähe

Es war Winter, die Stadt roch nach gepanschtem Wein und gebrannten Kindern. Ich kam aus der Dunkelheit von Botnang, durchquerte das schwarze Loch des Schwabtunnels und ging durch die Straßen von Heslach.

Es war kalt, ich konnte hören, wie der Rost von den eisernen Balkonen in die Hinterhöfe schneite. Ich schaute hinauf zu den Hügeln hinter dem Schornsteinqualm der Bierbrauerei und sah, wie die Reichen ihre Lichter löschten. Es roch nach verlorenem Hopfen und Malz. Es roch nach Kater. Ein Punk salutierte, als ich ihm einen guten Abend wünschte. Wäre ich der Oberbürgermeister, ein Marketing-Schreier oder der regierende Nasallaut-Trompeter aus der Villa Reitzenstein, ich hätte die Menschen auf der Stelle mit einer Hymne auf Stuttgart gequält. Atme tief den Rost von Heslach ein, krähte hinter mir eine Krähe aus dem Kräherwald, lass die Sprüche über Stuttgart sein, dummes Werbetexterlein.

Ich ging in eine Bar und in die nächste Bar, ich schaute Männern zu, wie sie am Marienplatz an ihren Wasserpfeifen zogen und am Schoettle-Platz mit Boccia-Kugeln zwischen meine Augen zielten. Ich klopfte mit dem Espressolöffel an mein Weinglas und rührte mit den Fingerspitzen in der Pfütze auf dem Tresen. Meine Stiefel wippten lautlos im Rhythmus der Fantastischen Vier.

Guten Abend, Stuttgart, sagte ich zur schönen

Kellnerin, im Rathaus sind die Lichter aus. Stuttgart 21 heißt du, Stuttgart einundzwanzich, du bist wahnsinnich.

Ich saß in der Bar und hörte mir zu, wie ich der schönen Kellnerin mein Lied vorsang. Schönes Stuttgart, du hast mich bedient, sang ich hinaus in die Nacht, bis ich die Balkone rosten hörte und die flache Hand der schönen Kellnerin auf meiner Wange spürte. Musikanten der Welt, krähte die Krähe, pfeift nicht auf diese Stadt. Singt ein Lied für sie, singt es laut, dann können sie tanzen, die Spekulanten in den Landesbanken.

Auf dem Schornsteinqualm der Bierbrauerei schwebte ich hinauf zu den Hügeln der Reichen – und weiter, immer weiter. Ich setzte mich auf die güldene Sichel, ich hörte Menschen im Theater Rampe kreischen, ich sah ein Vergnügungsschiff auf dem Neckar sinken, ich schaute zu, wie sich zwei Menschen auf dem Monte Scherbelino zu Tode liebten und ich wartete, bis mein Mond aufging.

Unten in der Stadt schnarchten viele Hornochsen, und sie schnarchten, bis ihre Hornbrillen von der Bettkante fielen. Am Morgen würden sie es wagen, etwas über Stuttgart sagen.

Es war Winter. Die Stadt roch nach gepanschtem Wein und gebrannten Kindern.

Liebe Mitbürger

Es fällt mir nicht leicht, meine Damen und Herren, in diesen Tagen als Kurier und Diener meiner Stadt Haltung zu wahren. Wenn die Bahn der Linie 9 zum letzten Mal im Osten hält, steht sie in Hedelfingen vor einer Flaschenbier-Bude. Diese Bude heißt Endstation, und sie sieht auch so aus.

Es regnet, ich möchte einkehren, etwas Salz der Erde auf meinen Imbiss streuen, aber Hedelfingen ist aus den Fugen, die ganze Welt außer Atem geraten. Gerade hat der Präsident der Vereinigten Staaten von Amerika gesprochen. Liebe Mitbürger, hat der Präsident gesagt, liebe Mitbürger hat er uns genannt, und es fällt mir nicht länger leicht, mich beim Blick auf die Welt mit Hedelfingen zu begnügen. Manchmal, liebe Mitbürger, das dürfen Sie mir glauben, ist Stuttgart auch für mich zu eng, und es wäre keine Lösung, mit der nächsten Bahn von Hedelfingen nach Heslach abzuhauen.

Das Wochenblatt *Die Zeit* ist neulich freundlicherweise in mein Revier eingedrungen, ein Kritiker hat über die »Hamlet«-Inszenierung im Schauspielhaus der Staatstheater geschrieben. Ich zitiere:

»Wenn König Claudius von seinem ›Freund, dem Pizzabäcker‹ spricht, wissen die Stuttgarter, was gemeint ist, nämlich die ominöse ›Pizza-Connection‹ – Landesvater Oettingers gute Bekanntschaft mit einem italienischen Restaurantwirt, der im Ruch steht, Geldwäscher der Mafia zu sein. Man hätte sich gewünscht, Oettinger wäre im Saal gewesen – wäre er da gewesen, man hätte ihm beim Nichtaufspringen zusehen können.«

Das kann nur heißen: Auch das bisschen Welttheater, diese Imbiss-Connection unseres Ditzinger Sitzenbleibers wird mich nicht davor retten, eines Tages so gelangweilt wie tot über dem Schrebergartenzaun dieser Stadt zu hängen.

Liebe Mitbürger, hat uns der neue Präsident mit seiner guten Stimme genannt, und ich habe mich geehrt gefühlt, auch wenn ich weiß, dass er mich nicht gemeint hat. Habt Hoffnung, hat der Präsident gesagt, nehmt die Herausforderung an, habt Mut, glaubt an die Tugend, an die Menschenrechte, die Freiheit, den Willen, die Würde, die Zukunft, glaubt an den Glauben. Wir müssen, hat er gesagt, den Staub abschütteln.

Und dann stand ich in Hedelfingen und wollte den Staub von meinen Stiefeln schütteln, aber auf dem Leder hatte sich das dreckige Wasser des Winterregens gesammelt. Weiß der Präsident, dass an einem einzigen Tag 28000 Autos durch die Hauptstraße von Hedelfingen rasen? Gebieten Sie diesem Terrorismus Einhalt, Herr Präsident, im Namen meiner amerikanischen Stiefel.

Amerika, hat der neue Präsident gesagt, ist ein Freund jeder Nation, ein Freund jedes Mannes, jeder Frau, jedes Kindes – Amerika ist auch ein Freund der Stammgäste in Rosis Pinte in meiner Nachbarschaft am Hölderlinplatz, der armen Rentner, die um ihre Heimat bangen, weil auch der Wirt in Rente ging. Der Wirt ist Grieche und Rosis Pinte, sagen die Rentner, Deutschlands letzte deutsche Kneipe. Mit dieser Geschichte bin ich endlich in den Westen durchgedrungen, ich habe, wie Sie, Herr Präsident, die Peitsche für meine Unersättlichkeit verspürt und die harte Erde gepflügt. Alles, was der Präsident gesagt hat, habe ich gespeichert wie eine Sammlung guter Songs, und bevor ich aufbrach nach Hedelfingen, habe ich mein elektronisches Tagebuch eingeschaltet, die Worte des Präsidenten notiert und mir die Frage aller Fragen gestellt: Herausforderung, Hoffnung, Tugend, Mut, Menschenrechte, Freiheit, Wille, Glaube, Würde, Zukunft – das alles geht in Ordnung, Amerika.

Was aber, Herr Präsident, machen wir mit Oettinger?

Mit Laib und Seele

Die Deutschen leiden an einer Krankheit. Sie lachen seit Jahren, dass es nicht mehr gesund ist. Die Leute sitzen in Vorstellungen aller Art und warten erregt, bis es was zu lachen gibt. Wenn es nichts zu lachen gibt, sind sie beleidigt und lachen trotzdem, damit keiner sieht, dass sie beleidigt sind. Die Lachkrankheit, eine Folge der Comedy-Epidemie, ist so schlimm, dass sich kein Kulturveranstalter mehr traut, seinem Publikum etwas ohne Lacher vorzusetzen. Im Zweifelsfall baut der Regisseur in Schillers »Don Carlos« ein Zitat auf Schwäbisch ein: »Gäbet Se Gedanke umsonscht.« Operette sich, wer kann. Das Publikum kommt mit einer Lacherwartung und schießt sich während der Vorstellung so sehr aufs Lachen ein, dass ein Teil sich auch dann noch hörbar den Lachsack krault, wenn längst Trauer herrscht. Das Publikum lacht, weil es Angst hat, Lacher zu verpassen.

Die Lachkrankheit ist weiter verbreitet als Demenz. Passend wurde das Erste Stuttgarter Comedy-Festival im Jahr 2009 mit diesen Parolen angekündigt: »... seit einigen Jahren wächst die Lust auf Ausgelassenheit, Lachkrämpfe und Freudentränen. Comedy ist Trend. Nix mehr mit ›Zum Lachen in den Keller gehen‹. Amüsiert zu werden ist planbar geworden ... Frohsinn gegen Eintrittskarten – so leicht kann das sein!«

Und selbst im Glücksgeschäft mit den armen Seelen setzt man auf den Lacheffekt. Kurz vor Himmelfahrt hingen in der Stadt Plakate mit der Botschaft: »Zwei Tage humorvolle Lebensplanung: mit Jesus höchstpersönlich. Die Ideen, der Lebensstil, die Konsequenzen: Zuletzt lachen«. Verantwortlich für den Humor des Herrn zeichnet die Sekte »Hoffnung Deutschland«.

Einst hat ein Radfahrer seinem Kollegen Jan Ullrich auf der Piste geraten: »Quäl dich, du Sau.« Heute sagt mein Nebensitzer im Theater: »Lach doch, du Sau.« Die gefährlichste neue Volkskrankheit ist nicht die Schweinegrippe. Wir verrecken an der Lachzwangneurose.

Als wichtigstes Symptom dieses Leidens gilt das Wortspiel, oft Kalauer genannt. Ente gut, China Food. Kalauer kommen an beim Publikum, und mancher Kunde im Rasiersitz des Sprachfriseurs hält es für »Wortakrobatik«, wenn ein Provinzkomiker einem Langmähnigen Haarakiri empfiehlt. Der Kunde ist darüber so begeistert, dass er nach einem Ausflug auf die Haarway to Hell für eine Radikalkur bei »My Hair Lady« bezahlt. Mit der branchenüblichen Vollglatze eines Türstehers ausgestattet, erhält er eine Grußkarte seines Cut Arts Beauty Shops: »Fröhliche Weihnachten und ein gesundes neues Haar.«

Nachdem man mich nach meinem Mord an dem Kartenschreiber verhaftet hatte, spotteten die Knastkollegen über meinen greisrunden Haarausfall. Sie nannten mich Kahlauer. Und weil ich bei der Schlägerei danach zwei Zähne verlor, war ich auf dem Weg zum Zahnarzt dental schlecht drauf. Nachts tauchte ich in meinen Träumen als kahl geschorener Henker auf (»Ich beziehe ein Pro-Kopf-Einkommen«) und litt an Mordgedanken: »Mari lyncht Monroe«. Rein psychisch saß ich im Bus ohne Wiederkehr.

Das Thema Kalauer beschäftigte mich wieder mal, als die Wände der Stadt mit Plakaten von »Brot für die Welt« tapeziert wurden. Auf dem Poster sah man eine Schale mit einer Handvoll Reis. Daneben war zu lesen: »Weniger ist leer«.

Es ist so weit, sagte ich mir, mit Kalauern kämpft man heute nicht nur gegen den Humor, er stillt auch den Hunger. »Weniger ist leer« kommt womöglich gar nicht so schlimm daher, der Satz streift in Verbindung mit der Abbildung die Wahrheit, und eine Handvoll Wortspiele leistet sich auch einer wie der Schriftsteller Wiglaf Droste: » ... dieser Mann gibt alles«, schreibt er über einen Auftritt des Sängers Joe Jackson, »aber weniger wäre ein Meer der Erleichterung und Freude«.

Vom selben Autor gibt es eine Glosse über Kalauer, er schwärmt von »der herrlichen Marlon Brandung«, vom Schriftsteller »Herzstrittmatter« und von sich selbst als »Gatte macchiato«. Das kann in Mecklenburg schon mal »vorpommern«, wenn man, wie Wiglaf sagt, »drei Euro pro Kalauer für die Rente« sammelt.

Nach dem Tod gibt es keine Leber. Ob »Brot für die Welt« mit einem Wortspiel gut beraten ist, kann ich nicht beurteilen. Ich habe ein Aber gegen Wortspiele, und wer A sagt, muss auch Bäh sagen.

Als ich vor dem »Brot für die Welt«-Plakat in der U-Bahnstation stand, wollte ich sofort auf Buddhafahrt, landete jedoch, frei nach den Sketchen der Comedytruppe *Die Kleine Tierschau*, auf »Kopftuchfühlung« mit meinem muslimischen Zuckerbäcker und stand am Ende ratlos schwäbelnd im fernen Afrika: »Kenia gar nedda.«

Ähnliches wäre mir beinahe in Japan passiert. Da bin ich aber zum Glück nicht Nagano. Ich gehe auch nicht nach Spanien: Madrid sich dauernd auf die Füße. Und gleicht kommt das Matator des Monats, und es heißt auf Schwäbisch: »Corrida Vorhang endlich aufmache, Senor? Oder senor ita fertig?« Da lacht auch der zugekokste Bazi, in Münchner Bars als Running Geck bekannt.

Im Stuttgarter Vorortbereich bleibt einem der Heslacher im Halse stecken, wenn man im Gais-Burger King die Flinte ins Korntal wirft, weil der schlimme Hedelfinger einen Untertürkheimer baut. Soll ich das wiederholen?

Kemnat in Frage. Zweideutigkeit ist des Kalauerbäckers Laib und Seele. Nackte Wahrheit aber ist der Name eines Haarschneiders am Stuttgarter Stöckachplatz. Das Geschäft heißt *Friseursalon Härle.*

Die Schlange

Heute widme ich mich dem Thema Tiere und Menschen. Wären die Menschen von heute nicht die größeren Schweine, gäbe es keine Schweinegrippe. An der Stadtbahndecke fährt ein Gedicht spazieren, es heißt »Gedicht« und stammt aus dem Repertoire des Amerikaners William Carlos Williams:

»Als die Katze / über / das oberste Brett / des Marmeladenregals stieg / setzte sie behutsam / erst die rechte / Vorderpfote / dann die hintere / ins Innere / des leeren / Blumentopfs.«

Diese heiteren Zeilen habe ich mir gemerkt. Sie erinnern mich auf Schritt und Tritt daran, dass man keinen Blumentopf gewinnen wird, wenn man sich behutsam der Marmelade nähert. Feingefühl führt zu nichts in dieser Ellenbogenstadt.

Die Leute in der Stadt scheitern buchstäblich daran, sich selbst einzuordnen. Es herrscht Chaos, das gar nicht als Chaos wahrgenommen wird. Die Leute, auch die, die dauernd nach Ordnung schreien, haben ein angeborenes Problem, auch nur halbwegs zivilisiert in eine Straßenbahn oder einen Bus zu steigen. In jedem anderen Land der Welt, in England, Portugal oder Transsylvanien, bilden die Menschen eine Linie des Respekts. Erst dann gehen sie durch die Tür. Diese Linie wird gelegentlich als Schlange bezeichnet, wobei wir wieder beim Thema Mensch und Tier sind.

Eine Schlange löst sich durch disziplinierte Linienbildung der Menschen auf, durch die präzise strukturierte Menschenreihe. Sie darf nicht zu breit sein. In Zweierreihen hintereinander: Daran erkennt man das tänzerische

Element einer Nation. Sagen Sie nicht, ich sei vom Blockwartwahn befallen. Ich bin kein Blockwart, ich lese Gedichte. Wären die Silben, Wörter und Zeilen eines Gedichts nicht hundertprozentig präzise angeordnet, könnte die Katze zu keiner Zeit übers Marmeladenglasregal in einen leeren Blumentopf steigen.

Die Bürger dieser Stadt finden nie die Lücke, die sie suchen. Auf einer Treppe im Hauptbahnhof, das beobachte ich täglich, lösen bereits sechs Menschen Frontalzusammenstöße aus: Drei rasen nebeneinander rechts die Stufen hinauf, drei stürzen nebeneinander links hinunter. Dann prallen sie zusammen und prügeln sich, bis die Polizei kommt. Hätten alle ihren korrekten Kurs eingenommen, sich jeweils rechts und hintereinander bewegt, wären sie heute nicht im Knast. 600 Menschen könnten mit Disziplin und Demut auf dieser Treppe Platz finden und mit einem lustigen Gedicht auf den Lippen von oben nach unten und von unten nach oben gelangen.

Vor jeder Bus- und Bahntür, auf jeder Rolltreppe, in jeder Unterführung dieser Stadt rasen die Menschen mit der Angst herum, zu kurz oder zu spät zu kommen. Das ist die Gier. Wer in Amerika am Ende einer kilometerlangen Schlange steht, um sich ein Ticket zu kaufen, reibt sich nach drei Minuten die Augen: Er steht an der Kasse und erhält sein Ticket. Das ist auch in Italien so, im Kongo, überall. Wer in Stuttgart in einer Schlange steht, liegt danach im Bürgerhospital, und ein Ticket hat er immer noch nicht. Ein Freund von mir ist deshalb weggezogen.

Bei uns stellen sich die Menschen auf Treppen und Straßen, vor Bussen und Bahnen, vor Kassen und Schaltern genau so an, wie die Politiker ihre Wahlplakate in den Straßen aufstellen: Am Ende ist die ganze Stadt ein Saustall.

Die Backsteinhausballade

Ein nasser Dezemberwind bläst mir ins Gesicht, die Auslosung für die Fußball-Europameisterschaft ist vorbei, Österreich als deutscher Gegner in die Trommel geplumpst, und ich weiß nicht, wohin. Vielleicht zum Österreichischen Platz, Witterung aufnehmen. Keinen Hund jagt man bei diesem Wetter auf den Österreichischen Platz. Man kann den Österreichern vieles anhängen, aber diesen städtebaulichen Terroranschlag haben sie nicht verbrochen.

Ich steige in den Zweiundvierzigerbus, ich nenne ihn den Magic Bus, den Luxusfrachter nach Osten. Der Osten, heißt es seit geraumer Zeit, sei das neue Trendviertel. Man zieht jetzt in den Osten, wenn man wer sein will in der Stadt, und man zieht in den Osten, weil man lange genug in den Westen gezogen ist. Ich wohne seit zwanzig Jahren im Westen, einmal bin ich weggezogen, dreihundert Meter weiter nach Westen.

Vielleicht werde ich bald ein Lied auf den Westen singen, ich denke daran, meine feste Wohnung aufzugeben. Für einen Flaneur wäre es gescheiter, mal hier, mal dort zu wohnen. In einer Pension in Feuerbach, in einem Gasthaus in Ostheim, in einer Rummelplatzbude auf dem Schlossplatz. Ich bräuchte beim Umziehen nicht viel mitzunehmen. Meinen Laptop Fink jr., der im Westen wie im Osten nichts taugt, eine bezahlte SSB-Fahrkarte für alle Fälle, und wenn Österreich gegen Deutschland spielt, gehe ich in die Kneipe, am besten in eine afrikanische Kneipe.

Immer noch gilt für Österreich, was der Kabarettist Richard Rogler gesagt hat: »Bei einer Fußball-WM habe ich mir mal Österreich gegen Kamerun angeschaut. Warum? Auf der einen Seite Exoten, fremde Kultur, wilde Riten – und auf der anderen Seite Kamerun.«

Am Ostendplatz steige ich aus dem Bus. Der Ostendplatz war in der Weimarer Republik der »Rote Platz«, Zentrum der Arbeiterbewegung. Immer noch ist er rot und geheimnisvoll wie seine Häuser. Weiter in die Haußmannstraße, die Haußmannstraße, denke ich, wäre die erste Strophe meiner Backsteinhausballade, und der Dezemberwind würde den Osten schützen, wenn ich zu singen begänne.

Kaum einer weiß noch, dass die Hausmannstraße früher Kanonenweg hieß. Nach dem Zweiten Weltkrieg haben sie die Heuchler rasch umgetauft, ganz ohne Not und Sinn: Zu ihrem Namen hatte der Straße nicht das deutsche Kriegsgeschrei verholfen, es war das Kanonenhäusle, das Gebäude mit den Geschützen, welche die Stadt vor Feuer warnte.

Im Osten war ich nicht oft genug in meinem Spaziergängerberuf, und ich weiß, dass es falsch war, nicht öfter in den Osten zu gehen.

Ich biege Richtung Neuffenstraße ab, die Neuffenstraße wird mir als Refrain, als die Seele meiner Backsteinhausballade dienen. Es sieht hier aus wie in England oder in Brooklyn, New York. Handtuchbreite Vorgärten, Bäume, Hecken. Der Wind weht jetzt schärfer, und ich kann Kanonen hören. Sie warnen vor den rauschenden Partys zu Silvester. »Anmelden, eintragen und sofort bezahlen!«, habe ich vorhin am Fenster der Ostendstube gelesen. In Ostheim herrscht ein klarer Ton. Man fackelt hier nicht lange.

Weiter zum Eduard-Pfeiffer-Platz, dem ehemaligen Teckplatz, bis heute als Teckplätzle ein Begriff. Ich marschiere im Rhythmus des Kopfsteinpflasters, und so könnte meine Backsteinhausballade weitergehen. Auf dem Platz steht ein Denkmal mit der Inschrift: »Die Kolonie Ostheim, bestehend aus 383 Häusern und 1267 Wohnungen, wurde von dem Verein für das Wohl der

Arbeitenden Klasse in den Jahren 1892 bis 1903 zum Zwecke der Schaffung gesunder, billiger Wohnungen erbaut.«

Im Fenster der Bäckerei Donop hängt ein Plakat: »Liebe Kundschaft! Wegen personeller Probleme bleibt die Bäckerei geschlossen!« Würde ich nicht in einem Haus im Westen wohnen, wäre ich in einer Pension im Osten zu Gange, dann wüsste ich, welches Schicksal sich hinter dieser Nachricht verbirgt. Dann hätte mir ein Nachbar vor seinem Backsteinhaus über die Hecke hinweg erzählt, ob der Bäcker eine Bäckerin sucht oder die Bäckerin eine Bäckerin. Wahrscheinlich geht es der Arbeitenden Klasse nicht gut. Ich weiß es nicht.

Der Wind weht jetzt schärfer, der Zweiundvierziger taucht auf, er bringt mich nach Westen.

Die Heustraße

Am Morgen roch es nach Föhn und Depression. Es war Herbst. Der Föhn riecht im Herbst stärker als die Depression. Es ist, als hänge die Luft voller Fliegenfänger. Alles klebt. Es muss ein schlimmer Föhn sein, wenn ein Mann schon am Morgen an Fliegenfänger denkt.

Ich ging in die Stadt und suchte die Heustraße. Ich meine die Heu- wie Strohstraße, nicht diesen Touristen-Trampelpfad namens Heussstraße. Zunächst fand ich die Heustraße nicht, obwohl sie mitten durch die Stadt führt. Ich erkundigte mich bei einem Taxifahrer, und der Taxifahrer bemühte seinen Navigator. Der Navigator zeigte uns die Heusteigstraße.

Die Heusteigstraße, sagte ich zum Taxifahrer, nützt mir nichts. Die Heusteigstraße kennt jeder Idiot. Zum Glück ist die Stadt nicht so groß, als dass man bis zum Ende eines harten Tages nicht die Heustraße finden würde. Von der Königstraße ging ich in die Kronprinzstraße, vorbei am Feinkost Böhm, wo man die Wirtschaftskrise riechen kann, und bald drauf war ich in der Büchsenstraße.

Die Büchsenstraße heißt Büchsenstraße, weil hier früher ein Büchsenhaus gestanden hat. Büchsenhäuser hießen früher die Schützenhäuser, jetzt wissen wir es. Ich stand vor dem Hospitalhof und der Hospitalkirche. Im Hospitalhof wurde gerade ein Kurs gegen Depressionen angeboten. Könnte an der Gegend liegen. Dann war ich in der Heustraße.

Die Heustraße geht von der Büchsen- zur Kienestraße ab. Herr Dr. Hans von Kiene, 1852 als Sohn eines berühmten Orgelbauers geboren, war Staatsanwalt, 1918 wurde er Justizminister der württembergischen Revolutionsregierung. Wir bräuchten heute wieder eine Revolutionsregierung. Dann hätte das Sparbüchsenhaus in der Heustraße Probleme.

In der Heustraße und in der Büchsenstraße residiert ein Verwaltungsgebäude der Hypo Real Estate. Die Hypo Real Estate kennt jeder. Das ist die Bank, die ihr Geld verspielt hat und deshalb 90 Milliarden Euro von uns braucht. Zehn Nullen hintereinander.

Man sollte Milliarden nie in Worten schreiben, immer in Zahlen, damit man vor Augen hat, was zehn Nullen sind, wenn der Staat gerade kein Geld hat, um die Klotüren einer Heslacher Grundschule zu streichen. Ich weiß, Herr Wirtschaftsminister, das ist ein Biertischargument, aber schreiben Sie erst mal fehlerfrei zehn Nullen in Ihren Quittungsblock. Die meisten Leute können aus Zeitnot nicht einmal den Namen des neuen Wirtschaftsministers schreiben. Er sieht im Übrigen exakt so aus, wie man sich einen von der Hypo Real Estate vorstellt: ein Franke mit Designerbrille.

Die Hypo Real Estate zieht sich von der Geldwieheustraße – hier sind auch die Sparkassen-Versicherung und das Büro der Alten Börse untergebracht – in die Büchsenstraße. Zurzeit ist nichts los an der Ecke. Der Eingang in der Heustraße 1 geschlossen. An der Ecke zur Büchsenstraße steht ein herrschaftlicher Jugendstilbau mit dem Schriftzug des Sparbüchsenhauses an der Fassade: Hypo in Schwarz wie scheintot und Real Estate in Grün wie Scheiße.

Die Hypo Real Estate Systems und die Hypo Real Estate Bank International stehen noch gottverlassener in der Gegend als die Kirche nebenan. Im Eingang sehe ich Marmor mit Teppich auf der Treppe und einen Hinweis auf das Belgische Konsulat. Der Belgier, immer dabei.

Gegenüber der Hypo Real Estate steht das Haus der Diakonie. Ich sah ein Plakat zum Thema Krankheit und Arbeitslosigkeit mit der Schlagzeile: »Trotz vieler Rückschläge wieder zuversichtlich.«

Sag ich doch.

Ich hatte an diesem Morgen eine Ledertasche über die Schulter gehängt, sah aus wie Charles Bukowski auf Entzug, und das brachte mich auf eine Idee: Guten Morgen, Herr Sparbüchsenhausdirektor, brüllte ich, ich bin der Postbote und muss mal eben einen Sack Euronen mit einem Zehn-Nullen-Schwanz abliefern. Das sind Staatsgelder, Herr Direktor, saubere Kohle. Könnten Sie Ihren verfluchten Schuppen öffnen? Keiner antwortete. Der Sparbüchsenhausdirektor war gerade in der Karibik, ich konnte das Gebrüll der Zocker hören und den Föhn vom Meer her spüren.

Wenig später las ich im *Stern*, man dürfe die Hypo Real Estate eine »Dreckbank« nennen. Der Dreck gehört uns, er wird verstaatlicht. Ich glaube, die Heustraße wurde lange unterschätzt.

Schneider frei!

Es ist mein alter Traum, mit einem Schreibgerät an einer guten Ecke der Stadt zu sitzen und die Zeit einzufangen. Trotz des rasanten Fortschritts auf dem Gebiet der draht- und gedankenlosen Textübertragung ist es bis heute nicht gelungen, auf Zeitungspapier live zu berichten. Dennoch können Sie diese Zeilen als direkte, nicht zeitversetzte Botschaft betrachten. In Stuttgart ist nicht jeden Tag ein anderer Tag.

Es ist der 10. Juni 2009. Meine Uhr zeigt 15:02. Ich sitze im Nudel-Café Billy's, Ecke Jakob-/Katharinenstraße. Durchs Fenster schaue ich auf die Feuerwache 1 Süd. Ein Feuerwehrauto mit aufgeblendeten Scheinwerfern steht bereit. Das Leben ist kein Kino, die Brandstifter machen Urlaub. Am Rand der Altstadt ist es ruhig. Die Sonne zeigt sich, die Damen der Straße haben sich in den Schatten verzogen, und die Jakobschule steht verlassen wie ein Lagerhaus. Auf den roten Sandsteinsimsen, hat mir ein ehemaliger Schüler erzählt, habe er immer fünf Minuten vor Unterrichtsbeginn seine Hausaufgaben abgeschrieben. Schnellen Nachrichtenaustausch gab es lange vor dem Computer.

Die Altstadt schläft nicht. Veränderungen stehen an. In der Weberstraße zwischen Leonhard- und Hauptstätter Straße, am schillerndsten Zipfel des Rotlichtmilieus, haben sich die Hells Angels das Haus Nummer 6-8 gekauft; über dem Eingang kann man noch »Spielzeugmuseum« lesen. 28 Jahre nach ihrer Gründung sind sie ins Leonhardsviertel zurückgekehrt. Ihre Anfangsjahre verbrachten sie in der Bar Schatten (die gibt es heute noch), zuletzt logierten sie auf dem Land, in Remseck. Im neuen

Haus der Angels kann man in den Mauersteinen die Spuren des einstigen Scharfrichters und seiner Henkerstür erkennen. Um Kopf und Kragen geht es im Viertel bis heute, auch wenn sich die Altstadt mit einer Mischung aus Kaschemmen, Kneipen und Nightlife-Bars langsam erneuert.

15:55 Uhr. Die Herren am Tisch hinter mir spielen Skat. In der Feuerwache hat man die letzte Garagentür geschlossen. Heute ist kein guter Tag für Großalarm. Nach den jüngsten Rathaus-Wahlen scheinen die Brände gelöscht, der rote Hahn gerupft, der schwarze Kater betäubt. Jetzt sind die Grünhorns auf Ämterjagd. Ich würde gern den Feuerwehrhauptmann bestechen, die Sirenen anzuwerfen: Männer, rückt aus, in dieser Stadt erlischt das Feuer, bevor ein Rauchzeichen der Hoffnung zu sehen war!

Nach einem Spaziergang durchs Bohnenviertel (und einem respektvollen Blick ins Schaufenster des 224 Jahre alten *Seifen-Lenz*) bin ich aus gutem Grund ans Ende der Jakobstraße geflüchtet. Im Zentrum, auf dem Schlossplatz, hat ein sogenanntes Musikfestival, die Propaganda-Show des staatlichen Rundfunksenders begonnen, und bald wird eine Schnulzensirene singen: »Mein Feuer brennt.«

17:16 Uhr. Alarmstufe eins. »Schneider frei!«, ruft hinter mir der Skatspieler. Ich kappe die Live-Leitung.

Glitzer, Glimmer, Hüftprothesen

Die Oktoberluft war frisch, ich nahm die Treppen hinauf zur Halbhöhenlage. Ich kam an vielen Gärten vorbei, das Laub fiel, und überall schufteten Frauen und Männer. Die Motoren ihrer Gartenmaschinen dröhnten, Laubsauger mit großen Rohren und Säcken röhrten und saugten. Es herrschte ein Höllenlärm, und es stank nach Benzin und Ungemach. Hinter dem Auspuffqualm konnte ich die schwitzenden Gesichter der Frauen und Männer sehen. Sie gruben mit Spaten und Schaufeln, mit Harken und Silberlöffeln tiefe Löcher. Ich erkannte meinen früheren Zahnarzt. »Guten Tag, Herr Doktor«, rief ich, »machen Sie Ihre Villa winterfest?« »Halten Sie mich nicht von der Arbeit ab«, sagte er, und als er den Mund öffnete, konnte ich die schwarzen Löcher in seinem Oberkiefer sehen. Er musste sich die eigenen Zähne gezogen haben. Früher hatte er wie ein Hip-Hop-Star Brillanten auf den Schneidezähnen getragen. Ich erinnere mich gut, wie er mir einen Backenzahn zog und sagte: »Was du hast, das hast du. Merk dir das, Kleiner.«

Der Doktor schwitzte, er hatte einen Spaten in der Hand, und es war ihm peinlich, weil ich ihn beim Arbeiten erwischt hatte. »Machen Sie, dass Sie weiterkommen«, sagte er. »Ich habe keine Zeit.«

Ich blieb stehen und sah die ausgebrannten Autowracks am Straßenrand, sie rauchten noch. Sie erinnerten mich an den Krieg, den ich mal als Tourist in Bosnien besucht hatte. Nicht weiter schlimm, sagte ich mir, die Leute sind verzweifelt. Manche graben Löcher in ihren Gärten, und manche zünden die Autos ihrer Nachbarn an. Wir leben in einer seltsamen Zeit.

Erst vorhin hatte ich in der Bahn ein Plakat gesehen. Das Plakat bewirbt die Stuttgarter Herbstbörse für Mineralien, Fossilien und edle Steine. Immer wieder las ich fasziniert das Motto dieser Veranstaltung, und dieser Slogan klang wie eine Stadionhymne auf den VfB: »Glitzer, Glimmer, Hüftprothesen«.

Das ist gut, dachte ich. Die Werbetexter im Medizinbereich werden immer lustiger. Bis vor kurzem noch hatte ich ein anderes Medizinplakat bewundert, wochenlang hatte es die Stadt mit dem Slogan aufgerüttelt: »Stuttgart gegen Darmkrebs!«

Diese Botschaft, dachte ich damals, ist an inhaltlicher Präzision nicht zu überbieten. Nur einmal hatte ich sie zum Privatgebrauch modifiziert: »Stuttgart gegen Darmkrebs, Syphillis und OB Schuster«.

Jetzt aber haben die Mineralmesse-Manager dem Eventglanz unseres Gesundheitswesens noch eins drauf gesetzt: »Glitzer, Glimmer, Hüftprothesen«. Kaum hatte ich den Slogan gelesen, sah ich, wie Elvis Presley aus der Gruft stieg. Elvis kreiste mit dem Becken und begann zu singen: »Glitzer, Glimmer, Hüftprothesen, that's all right, mama.«

Sagen Sie nicht, ich hätte keine Ahnung von Mineralien. Das stimmt nicht. Ich bin selbst ein Fossil.

Zurück in der Halbhöhenlage. Die Autowracks rauchten noch, und neben den Autowracks lagen die Trümmer eines Hauses auf dem Gehsteig. »Herr Doktor«, rief ich, »sind die Russen wieder da?« »Sie zahnloser Idiot«, sagte er, und er krümmte sich beim Graben vor Schmerz, »meine Hausbank ist zusammengebrochen.« »Herr Doktor«, sagte ich, »ich weiß, was Ihnen fehlt, singen Sie mir nach: ›Glitzer, Glimmer, Hirnprothesen. Are you lonesome tonight?‹«

Dann ging ich nach Hause. Ich hatte keine Lust, dem Doktor zu helfen. Soll er seine Kohle und seine Zähne allein begraben.

Ooosheee roch gut

Es war eine harte Nacht von Sonntag auf Montag. Die Polizei, mit Feuerwehrschläuchen im Einsatz, erstellte später eine Opferliste: »8 Verletzte, 1 Rauschgiftvergifteter, 1 Herzkollaps, 48 Ohnmächtige«. Außerdem gab es 5000 Mark Sachschaden.

Es war die Nacht zum 26. September 1970, als eine Rockband namens Rolling Stones und 12000 ihrer Fans die Messe auf dem Killesberg heimsuchten. »Zu einpeitschender und brutaler Rock'n'Roll-Musik«, schrieben anderntags die *Stuttgarter Nachrichten*, habe »die Menge« in der »tropisch heißen Halle« gewogt »wie ein See im Sturm.« »Für die Anwohner am Killesberg war es ein einziges Ärgernis.«

Vermutlich hätten wir diese Geschichte für immer vergessen. Wäre nicht irgendwann im Internet eine Stellenanzeige aufgetaucht: Die Münchner Produktionsfirma Neue Bioskop suchte für die Verfilmung des Lebens der Pop-Ikone Uschi Obermaier eine Hauptdarstellerin. Schauspielkunst, teilte das Unternehmen mit, sei nicht gefragt, wichtiger seien die »optische Ähnlichkeit, der Sexappeal und die Ausstrahlungskraft der jungen Uschi Obermaier«.

Die Heldin des Kinofilms galt in den späten sechziger Jahren des vorigen Jahrhunderts als »erstes deutsches Supermodel«, als »schönstes Gesicht der Apo«, als Idol der Studentenrevolte. Als Drehorte wurden München, Berlin, Köln, Hamburg und Indien genannt. Ein wichtiger Akt im Leben der Uschi Obermaier spielt auch in Stuttgart. Der Journalist Claudius Seidl hat die Episode in dem Mitte der Neunziger erschienenen Buch »Uschi Obermaier – Das wilde Leben« aufgeschrieben.

Deutschlands populärstes Covergirl – es praktizierte in der Berliner Kommune 1 »freie Liebe« und schmückte als Model die Titelseiten von *Twen* und *Bravo* – hatte seine erste Nahkampferfahrung mit dem Stones-Sänger Mick Jagger bereits hinter sich. Jetzt, vor seiner Show in Stuttgart, wollte sie ihn wieder sehen. Dafür verließ sie den Kommunarden Rainer Langhans – sie lebte mit ihm im Münchner Bohemeviertel Schwabing – und fuhr nach Stuttgart.

»Auf der Strecke von München nach Stuttgart«, heißt es in ihrem Buch, »gab es Städte und Landschaften, von denen hatte ich noch nie gehört, und wenn ich durchs Abteilfenster guckte, fand ich es sehr beruhigend, dass ein halber Zentimeter Glas zwischen ihnen und mir lag (...) Ich stand früh auf, zog das weiße indische Hemd an, das im Gegenlicht durchsichtig war, und Sandalen, die waren bis zu den Knöcheln geschnürt. Ich roch gut, fühlte mich ausgeschlafen, und wenn er (Mick Jagger) damals in London, als ich erschöpft und verschwitzt war (...), wenn er da schon heiß auf mich gewesen war, dann sollte er jetzt in Ohnmacht fallen. Ich kannte Stuttgart nicht und wollte es nicht kennen lernen. Es war trotzdem ein Heimspiel.«

Die Partie wurde im Hotel am Schlossgarten ausgetragen: »Der Portier«, erinnert sie sich, »war nicht besonders freundlich und sagte, dass er mir nicht helfen könne. Ich sei so etwa die Zweihundertste, die nach Mick Jagger frage. ›Was für ein Pech‹, sagte ich. Ich stand in der Halle, durch die Drehtür schlenderte ein Mann mit schwarz abstehenden Haaren und einem kranken Ausdruck im Gesicht. Er war schmaler, als ich ihn mir vorgestellt hatte, aber die Augen zwischen den mageren Wangen waren dunkel und warm, sein Mund war freundlich. Ich schob mich an seiner Begleiterin vorbei.«

Als sich Frau Obermaier vorstellte mit den Worten »Hi, ich bin Uschi. Ich bin mit Mick verabredet«, sah ihr ein anderer Mann ins Gesicht. Er sagte leise: »Schade«. Das war der Stones-Gitarrist Keith Richards, der später im Buch das Vorwort schrieb: »Ich hatte den Eindruck, dass ganz Europa von Uschi schwärmte. Ich war ihr nur einmal begegnet, es war wohl in Stuttgart gewesen. Und dann sah ich sie nur noch auf Postern und Titelbildern.« Der Korrektheit halber sei erwähnt, dass Mr. Jagger Frau Obermaier – er nannte sie Ooosheee – in seine Schlossgartensuite führte. Was danach passierte, muss zur Zufriedenheit Frau Obermaiers abgelaufen sein. Wenige Tage später, auf dem Höhepunkt ihres Glücks, fuhr sie mit Mr. Jagger nach Neuschwanstein.

In Stuttgart blieben Scherben zurück. Die Killesberg-Anwohner, schrieben die *Stuttgarter Nachrichten* nach der Show, »können sich nur damit trösten, dass die auf dem Killesberg noch so verrückt gefeierten Rolling Stones auf dem absteigenden Ast sind und sobald nicht mehr zum Radaumachen nach Stuttgart kommen.«

Der Kommentator irrte. Zwar befand sich die Band 1970 auf dem Tiefpunkt ihrer Karriere. Im Jahr zuvor war ihr Gitarrist Brian Jones tot in einem Swimming-Pool gefunden worden, die Stones hatten Ärger mit ihrem Management und waren so gut wie bankrott. Im April 1971 feierten sie mit dem Album »Sticky Fingers« – und den heutigen Klassikern »Brown Sugar« und »Wild Horses« – ein großes Comeback.

Nach Stuttgart kamen sie auch wieder: 1976 ins Neckarstadion, 1998 auf den Wasen und 2005 ins Daimlerstadion. Auf der Tribüne saß der Polizeipräsident und spätere Ordnungsbürgermeister Martin Schairer. Privat, als Fan und sogenannter Vip.

Bei uns im Westen

Nicht jeder hat etwas verbrochen, wenn er eines Tages im Westen landet. Warum der Westen? Mein Gott, fragen Sie mich nicht, es war halt eine Bude frei. Und zehn Jahre später die nächste. Nicht in jedem Stuttgarter Stadtteil wird schon alle zehn Jahre eine Wohnung frei.

Hätte ich gewusst, wo ich lande, wäre ich nach Mühlhausen gezogen. In der Zeitung steht: 33,2 Prozent aller Stuttgarter Westler sind Akademiker. An mir kann es nicht liegen. Ich habe mir alle Mühe gegeben, den Schnitt zu senken.

In Mühlhausen sind nur zehn Prozent der Bevölkerung Akademiker. In Mühlhausen konzentriert man sich auf das Wesentliche. In Mühlhausen gibt es eine Kläranlage. Die Mühlhausener schlagen sich mit dem akademischen Abschaum des Westens herum.

Mir ist nie aufgefallen, dass jeder Dritte im Westen die Universität von Harvard besucht oder sich von der Kohle seines Onkels einen Jura-Abschluss in Tübingen gekauft hat. Jura ist gut. Wenn man von Jura keinen Schimmer hat, kann man mit einem Jura-Abschluss Ministerpräsident in Stuttgart werden.

Am Taxiplatz am Hölderlinplatz treffe ich manchmal einen Akademiker, aber der wohnt in Heslach. Der Westen ist ihm zu teuer. Genau genommen, bin ich auf Akademiker im Westen überhaupt nicht eingestellt. »Ali, mach mir meinen Döner, scharf, und zwar gestern«, habe ich bisher gesagt. »Herr Doktor Ali, gratuliere, Sie haben in Tübingen Jura studiert«, wäre heute richtig.

Der Westler geht in der Schwabstraße zum Wagner und zum Bosch, nämlich zum Metzger und zum Bäcker. Der angebliche Akademiker sagt: »Frau Doktor Bäcker, bitte zwei Bio-Laugen ohne Butter und ein Dsch-iii-a-baaa-da.« Der angebliche Akademiker sagt »Dschiii-abadda«, es sei denn, er ist Akademiker mit Toskana-Immobilie, dann sagt er: »Bitte ein Dscha-baaa-da, Dschiii-u-seppe.«

Akademiker neigen beim Bäcker zum Roggenbrot, zum Dünkelbrot und Sauerbrot. Heisa, sprach Herr Sauerbrot, heisa, meine Frau ist tot. Wilhelm Busch, das nur so am Rande.

Akademiker sind Bionade-Talibans. Man trifft sie mit Kind und Kegel am Soja-Regal des Bio-Markts Naturgut. Akademiker rühren nach der Mutterbrust keine andere Milch mehr an, auch nicht von der Ziege. Das ist die Vorstufe zum Veganer. Akademiker im Westen kaufen achtzig Gramm Bierschinken mit Bärlauch. Hundert Gramm Bierschinken ohne Bärlauch kaufen im Westen nur Penner, Barbaren und Studienabbrecher. Die ärmsten Schweine ohne Studium sitzen im Bio-Markt an der Kasse. Das sind Mädchen, die sind erst sechzehn und würden lieber in der Disco chillen als im Supermarkt die Bio-Sau rauslassen. Bio-Fleisch ist ein idiotischer Kuhhandel: Warum schlachtet man gerade die glückseligen Säue von den Höfen der Harmonie? Da bolzt man doch lieber einem konservativ gemästeten Ochsen das Hirn aus dem Schädel, bis es bei Lidl in der Dose schwimmt.

Es ist heute nur schwer zu erkennen, wenn einer im Stuttgarter Westen kein Akademiker ist. Man weiß nicht mehr, in welche intellektuelle Fressalienliga man die Leute im Supermarkt einordnen soll. Es gibt sehr schöne Bio-Rollmöpse in Veganersahne. Das essen vor allem linke Punks und ihre schwarz vermummten Hunde.

Überhaupt laufen nach meiner Beobachtung zu viele Leute im Westen herum. Die meisten sind total normal, das sind Türken, Ausländer und ich. Beim Griechen-Wirt am Hölderlinplatz sagt jeder: »Lazi, eine Halbe und einen Ouzo.« Immer sonntags kommt einer und sagt: »Guten Tag, Lazi, ich bin Platon.« Wir zahlen ihm dann einen

Ouzo und rufen im Bürgerhospital an. »Schon wieder ein Akademiker«, heißt es dann.

Gäbe es wirklich so viele Akademiker, wie die Statistik behauptet, spräche man von einer Akademikerschwemme. Dafür wäre jedoch nicht der Westen zuständig, sondern: Mühlhausen.

Man kann nicht einfach so tun, als würden im Westen nur Akademiker wohnen. Das wäre ja wie früher, als man jede Frau eines Akademikers »Frau Doktor« nannte. Würden wir jede Frau eines Doktors »Frau Doktor« nennen, kämen wir im Westen auf 400 Prozent Akademiker. So viel Bierschinken mit Bärlauch haben wir aber nicht. Da müssten wir an die Scheißvorräte der Bildungskloake Mühlhausen ran.

Der Demokrat

Es roch nicht gut, es stank, wie es in einer Schulturnhalle stinkt. Wenn ein Mann allein ist, nimmt er den Geruch stärker wahr, als wenn er in der Turnhalle mit jemandem turnt. Mir wurde schlecht, und ich bat Gott um Hilfe. Herr Gott, sagte ich, von heute an bin ich dir ein guter Diener, wenn du mich aus diesem Elend befreist. Ich hasse Lügner und Pharisäer, sagte Gott. Es roch übel. Ich knöpfte mir das Hemd auf, weil ich Angst hatte zu ersticken. Herr Gott, sagte ich, es ist die Hölle hier, ich möchte mir die Kleider vom Leib reißen oder wenigstens die Hosen herunterlassen.

Das beeindruckt mich nicht, ich habe in meinem Leben viele nackte Männer geschaffen, sagte Gott. Du hast recht, sagte ich, dieses Land wird nicht besser, wenn ich die Hosen hängen lasse. Zum Glück hatte ich keine Krawatte um. Ich hätte mich erhängt. Ich hätte mich ins Jenseits befördert, auch wenn es Gott nicht gefällt, wenn man ihm die Arbeit abnimmt.

Ich ließ die Hosen herunter. Der Schulturnhallengestank brachte mich fast um. In der Schule war ich kein schlechter Turner gewesen. Dennoch hasste ich die Turnhalle. Turnhallen sind für Typen, die Völkerball spielen, weil sie Angst beim Fußball haben. Es gibt auch Boxer und Ringer in Turnhallen. Ich habe Respekt vor diesen Männern. Aber sie riechen nichts. Mit der platten Nase eines Boxers riechst du den Gestank einer Schulturnhalle nicht und mit den Blumenkohlohren eines Ringers erst recht nicht.

Herr Gott, sagte ich, ich habe diese Behandlung nicht verdient. Ich bin kein schlechter Mensch, ich tue, was man von mir verlangt, aber das hier geht zu weit, das ist Politik. Ich sah den Schatten einer schwarzen Katze mit Pferdeschweif. Herr Gott, brüllte ich, der Teufel ist hinter mir her. Ich verkaufe meine Seele nicht.

Ich sah nicht gut aus an diesem Tag mit offenem Hemd, heruntergelassenen Hosen und einem Bleistift in der Hand. Ich trage immer einen Bleistift bei mir, eine schlanke Mine, die man in eine Kugelschreiberhülse steckt. Diese Mine spitzt sich in der Hülse selbst. Ich liebe Minen, die sich selbst spitzen. Sie sind der Fortschritt. Mit frisch gespitzter Mine begann ich, ein Gebet von Wolfgang Neuss an die Wand zu kritzeln: »Müde sind wir, gehn zur Ruh / decken uns mit Scheißdreck zu. / Will der Teufel uns erhaschen, / muss er erst am Scheißdreck naschen.«

Weiter kam ich nicht. Es gibt erhörte und unerhörte Gebete, davon hatte ich gehört. Ich schwitzte. Es gibt keinen traurigeren Anblick als einen Mann mit gefallenen Hosen, den frisch gespitzten Bleistift in der Hand und dem Gestank einer Schulturnhalle in der Nase.

Herr Gott, sagte ich, was soll ich noch tun? Ich habe die Hosen heruntergelassen, ich habe ein Gebet gesprochen und mir einen gespitzten Bleistift besorgt. Das war meine Pflicht. Ich bin Demokrat. Jetzt bist du dran, schrie ich, ich gehe drauf, ich weiß nicht, was ich tun soll. Draußen hörte ich eine Frau rufen, man solle einen Arzt rufen. Ich brauche keinen Arzt, schrie ich, ich brauche eine Eingebung.

Du hast recht, sagte Gott, ich bin bei dir. Ich hörte Metallstücke klimpern. Womöglich lud Gott gerade seine Kanone. Herr Gott, sagte ich, drück ab, ich bin bereit für dich. Aber es fiel kein Schuss.

Fang auf, sagte Gott. Eine silberne Münze kam über die Wand geflogen. Ich schnappte sie mir. Wappen bedeutet Grün, sagte Gott, Zahl SPD. Ich warf den Euro in die Luft und fing ihn mit einer Hand, wie ich es beim Völkerball in der Schulturnhalle gelernt hatte. Ich sah den

Reichsadler auf dem Euro, nahm den Bleistift und rief über die Kabinenwände hinweg:

Heute wähl' ich CDU, muh, muh.

Mit heruntergelassenen Hosen und frisch gespitztem Bleistift stolperte ich aus der Schulturnhalle. Die Leute drohten mir mit der Faust. Hier stinkt es, sagte ich, ich habe das Wahlgeheimnis gelüftet.

Aus der Reihe Critica Diabolis

21. *Hannah Arendt,* Nach Auschwitz, 13,- Euro
45. *Bittermann (Hg.)*, Serbien muß sterbien, 14.- Euro
55. *Wolfgang Pohrt,* Theorie des Gebrauchswerts, 17,- Euro
65. *Guy Debord,* Gesellschaft des Spektakels, 20.- Euro
68. *Wolfgang Pohrt*, Brothers in Crime, 16.- Euro
100. *Jon Savage*, England's Dreaming, Punk & Sex Pistols, 14.95 Euro
104. *Harry Rowohlt & Ralf Sotscheck*, In Schlucken-zwei-Spechte, 17.- Euro
112. *Fanny Müller*, Für Katastrophen ist man nie zu alt, 13.- Euro
116. *Vincent Kaufmann*, Guy Debord – Biographie, 28.- Euro
118. *Franz Dobler*, Sterne und Straßen, 12.- Euro
119. *Wolfgang Pohrt*, FAQ, 14.- Euro
121. *Matthias Penzel & Ambros Waibel*, Jörg Fauser – Biographie, 16.- Euro
125. *Kinky Friedman*, Ballettratten in der Vandam Street, 14.- Euro
127. *Klaus Bittermann*, Wie Walser einmal Deutschland verlassen wollte, 13.-
129. *Robert Kurz*, Das Weltkapital, 18.- Euro
130. *Kinky Friedman*, Der glückliche Flieger, 14.- Euro
131. *Paul Perry*, Angst und Schrecken. Hunter S. Thompson-Biographie, 18.-
132. *Fritz Eckenga*, Du bist Deutschland? Ich bin einkaufen, 14.- Euro
135. *Ralf Sotscheck*, Der gläserne Trinker, 13.- Euro
138. *Kinky Friedman*, Tanz auf dem Regenbogen, 14.- Euro
139. *Hunter S. Thompson*, Hey Rube, 18.- Euro
140. *Gerhard Henschel*, Gossenreport. Betriebsgeheimnisse der »Bild« 14.-
144. *Hartmut El Kurdi*, Der Viktualien-Araber, 13.- Euro
145. *Kinky Friedman*, Katze, Kind und Katastrophen, 14.- Euro
146. *John Keay*, Exzentriker auf Reisen um die Welt, 14.- Euro
148. *Heiko Werning*, In Bed with Buddha, 14.- Euro
149. *Christian Gasser*, Blam! Blam! Und du bist tot! 16.- Euro
150. *Wiglaf Droste*, Will denn in China kein Sack Reis umfallen, 16.- Euro
152. *Roman Halter*, Romans Reise durch die Nacht, 18.- Euro
153. *Fanny Müller*, Auf Dauer seh ich keine Zukunft, 16.- Euro
154. *Nick Tosches*, Hellfire. Die Jerry Lee Lewis-Story, 16.- Euro
155. *Ralf Sotscheck*, Nichts gegen Engländer, 13.- Euro
156. *Hans Zippert*, Die 55 beliebtesten Krankheiten der Deutschen, 14.- Euro
157. *John Keay*, Mit dem Kanu durch die Wüste, 16.- Euro
158. *Jakob Hein*, Der Alltag der Superhelden, 16.- Euro
159. *Michael Stein*, Ich bin Buddhist und Sie sind eine Illusion, 15.- Euro
160. *Hunter S. Thomspon*, Die große Haifischjagd, 19.80 Euro
161. *Bittermann & Dobler* (Hg.), Smoke that Cigarette, 15.- Euro
162. *Lester Bangs*, Psychotische Reaktionen und heiße Luft, 19.80 Euro
163. *Antonio Negri, Raf V. Scelsi*, Goodbye Mr. Socialism, 16.- Euro
164. *Ralf Sotscheck*, Nichts gegen Iren, 13.- Euro
165. *Wiglaf Droste*, Im Sparadies der Friseure, Sprachkritik, 12.- Euro
166. *Timothy Brook*, Vermeers Hut. Der Beginn der Globalisierung, 18.- Euro
167. *Zippert*, Was macht eigentlich dieser Zippert den ganzen Tag, 14.- Euro
168. *Gabriele Goettle*, Wer ist Dorothea Ridder? 13.- Euro
169. *Joe Bauer*, Schwaben, Schwafler, Ehrenmänner, 14.- Euro
170. *Bittermann* (Hg.), Unter Zonis, 20 Jahre reichen so langsam, ca. 14.- Euro